MONUMENTA GERMANIAE HISTORICA

FONTES IURIS GERMANICI ANTIQUI
IN USUM SCHOLARUM
SEPARATIM EDITI

XVII.

ORDINES CORONATIONIS MEDIOLANENSIS

Wiesbaden 2020
Harrassowitz Verlag

Die Ordines für die Weihe und Krönung des Königs und der Königin in Mailand

Herausgegeben
von
ACHIM THOMAS HACK

Wiesbaden 2020
Harrassowitz Verlag

Bibliographische Information der Deutschen Nationalbibliothek
Die Deutsche Nationalbibliothek verzeichnet diese Publikation
in der Deutschen Nationalbibliografie; detaillierte bibliografische Daten
sind im Internet über https://dnb.de abrufbar.

Bibliographic information published by the Deutsche Nationalbibliothek
The Deutsche Nationalbibliothek lists this publication
in the Deutsche Nationalbibliografie; detailed bibliographic data
are available in the Internet at https://dnb.de.

Gedruckt auf alterungsbeständigem Papier
Satz: Dr. Anton Thanner, Weihungszell
Druck und Verarbeitung: Hubert & Co, Göttingen
Printed in Germany
ISBN 978-3-447-11527-8
ISSN 0343-0812

SOCIETAS APERIENDIS FONTIBVS RERVM GERMANICARVM MEDII AEVI.

SANCTVS
AMOR PATRIAE
DAT
ANIMVM.

FRANCOFVRTI A. M.
XIII. KAL. FEBR. MDCCCXIX.

VORWORT

Krönungsordines werden mindestens seit dem 17. Jahrhundert ediert (Sirmond, Muratori, Martène usw.), in den MGH seit Mitte der 1830er-Jahre (Pertz). Dennoch fehlt bis zum heutigen Tag eine Zusammenstellung aller Mailänder Krönungsvorschriften. Sie wird – gleichsam als ein verspäteter Beitrag zum Jubiläumsjahr 2019 – hiermit vorgelegt.

Verglichen mit den römischen Kaiserkrönungsordines – es sind dies 27 für die Zeit bis zu Karl V. – ist die Zahl der Mailänder Krönungsvorschriften relativ gering. Zieht man allerdings in Betracht, dass sich für Pavia, dem bevorzugten Krönungsort früherer Jahrhunderte, überhaupt keine entsprechenden Dokumente erhalten haben, dann erscheint selbst diese Zahl noch recht beachtlich.

Die einschlägigen Handschriften stammen ursprünglich allesamt aus Italien, zum größten Teil aus der Lombardei. Heute liegen sie zum Teil auch außerhalb dieser Grenzen. Es ist mir ein starkes Anliegen, mich bei den besitzenden Archiven und Bibliotheken sowie deren Mitarbeitern zu bedanken, die mir ohne Umstände die gewünschten Scans haben zukommen lassen, vor allem den Dres. Miriam Rita Tessera (Archivio Capitolare della Basilica di Sant'Ambrogio), Stefano Malaspina (Biblioteca e Archivio del Capitolo Metropolitano) und Stefano Serventi (Veneranda Biblioteca Ambrosiana) – alle in Mailand –, außerdem den Mitarbeitern der Bibliothèque National in Paris sowie der Biblioteca Apostolica im Vatikan (vermittelt durch Dr. Jörg Voigt).

Daneben fühle ich mich einer ganzen Reihe weiterer Personen zu großer Dankbarkeit verpflichtet: den studentischen Mitarbeiterinnen am Jenaer Institut,

Elisabeth Wermann und Tina Sander; meinem unermüdlichen Korrektor Dieter Grupp mit gemeinsamer editorischer Vorgeschichte (Bisingen); den beiden mittellateinischen Kommentatoren, den Profes. Dres. Susanne Daub (Jena) und Peter Stotz (der leider während der Drucklegung verstorben ist); und nicht zuletzt meiner Frau Judith.

Dank schulde ich schließlich der Zentraldirektion der Monumenta und vor allem ihrer Präsidentin, Prof. Dr. Martina Hartmann. Sie haben auch außerhalb der regulären jährlichen Sitzungen der Aufnahme dieser Edition in ihre Quellensammlung zugestimmt. Die drucktechnische Umsetzung hat Dr. Horst Zimmerhackl mit großer Sorgfalt begleitet. Auch ihm sei dafür vielmals gedankt.

Jena, im Sommer 2020 *Achim Thomas Hack*

INHALTSVERZEICHNIS

Edition

EINLEITUNG

Wer sich für die Lombardische Krönung interessiert, findet leicht Informationen über die sogenannte Eiserne Krone. So liegt zum Beispiel seit der zweiten Hälfte der 1990er-Jahre ein monumentales, von Graziella Buccellati im Namen der „Società di Studi Monzesi" in drei prächtigen Bänden herausgegebenes Werk „La corona ferrea nell'Europa degli imperi" vor, das über beinahe alle Aspekte dieser Krone Auskunft gibt. Nur das Krönungszeremoniell spielt darin eine ziemlich untergeordnete Rolle[1].

In einem ähnlichen Kontext, nur dreihundert Jahre zuvor, ist zum ersten Mal ein Mailänder Krönungsordo publiziert worden. Kein geringerer als der aus Vignola in der Provinz Modena stammende Geschichtsforscher Lodovico Antonio Muratori (1672–1750)[2] *hat nämlich im Jahre 1698 eine Monographie „de corona ferrea" vorgelegt, in der er nicht nur auf das Alter der Krone usw. eingeht, sondern einen Krönungsordo – jenen von 1311 – unter dem Titel „Liturgia ferme ante sexcentos Annos in Mediolanensi Imperatoris Henrici coronatione usurpata, atque e MS. Codice descripta" ediert. Im vorausgehenden Abschnitt bemüht er sich um eine Einordnung dieser Riten, führt historiographische Berichte an und diskutiert unter anderem auch die Chronica Danielis de comitibus Angleriae*[3].

Zu einer systematischen Suche nach einschlägigen Zeugnissen haben dann jedoch erst die Archivreisen der Mitarbeiter der Monumenta Germaniae Historica geführt[4]. *Was die hier interessierenden Texte betrifft, waren es vor allem die Ita-*

---

1) *Vgl. La corona ferrea nell'Europa degli imperi 1–3, hg. von Graziella* BUCCELLLATI *(1995–1998). Die einzelnen Bände behandeln 1: La corona, il regno e l'impero. Un millennio di storia; 2: Alla scoperta del prezioso oggetto; 2, 1: Arte e culto; 2, 2: Scienza e tecnica; 3: Tavole. – Einzige Ausnahme bildet der Beitrag von* PAPA, *Ordo incoronandi, der sich aber nur mit einem Ordo beschäftigt.*

2) *Über den vielseitig Gelehrten vgl. Sergio* BERTELLI, *Erudizione e storia in Ludovico Antonio Muratori (Pubblicazioni del Istituto Italiano per gli Studi Storici 12, 1960); Girolamo* IMBRUGLIA, *Muratori, Ludovico Antonio, in: DBI 77 (2012) S. 443–452.*

3) *Vgl.* MURATORI, *Anecdota 2, cap. 16 S. 324–328 und cap. 17 S. 328–337. Die Schrift Muratoris wurde mehrfach neu aufgelegt. – Zu den zeitgenössischen Diskursen vgl. Renato* MEMBRETTI, *The Iron Crown: a Symbol of Royality and a Relic in Historiography from the Fourteenth to the Eighteenth Centuries, in: La corona ferrea nell'Europa degli imperi 2,1, hg. von Graziella* BUCCELLATI *(1998) S. 56–70, hier S. 64–67.*

4) *Vgl. dazu, wie immer originell, Arnold* ESCH, *Auf Archivreise. Die deutschen Mediävisten in der ersten Hälfte des 19. Jahrhunderts. Aus Italienbriefen von Mitarbeitern der Monumenta Germaniae Historica vor der Gründung des Deutschen Historischen Instituts in Rom, in: Deutsches Ottocento. Die deutsche Wahrnehmung Italiens im Risorgimento, hg. von* DEMS. */ Jens* PETERSEN *(Bibliothek des DHI in Rom 94, 2000) S. 187–234. – Die systematische wissenschaftliche Bibliotheksreise durch Italien usw. hat eine mindestens bis in die Zeit der Bollandisten zurückreichende Tradition, vgl. Udo* KINDERMANN, *Kunstdenkmäler zwischen Antwerpen und Trient. Beschreibungen und Bewertungen des Jesuiten Daniel Papebroch aus den Jahren 1660 (2002);*

lien-Reisen des Ludwig Konrad Bethmann (1812–1867) in den 1840er-Jahren, die neue Aufschlüsse gebracht haben[5]*. So gelang es ihm zum Beispiel im Kapitelarchiv von Sant'Ambrogio zu Mailand einen „Ordo ad coronandum regem et reginas Mediolani" zu identifizieren*[6]*, der seiner Meinung nach „die bei der Krönung immer gebrauchte Handschrift selbst" dargestellt habe*[7]*.*

Noch wichtiger waren allerdings die Reisen von Jakob Schwalm (1865–1931), Mitarbeiter bei den „Constitutiones"[8]*. Er kam in den 1890er-Jahren nach Mailand und wurde in der dortigen reichen Bibliothekslandschaft mehr als einmal fündig. Im Kapitelarchiv von Sant'Ambrogio schrieb Schwalm den schon von Ludwig Bethmann erwähnten Ordo ab, in der Biblioteca Ambrosiana kopierte er Auszüge aus dem Krönungsordo des Codex I. 114 P. inf., wobei es sich seiner Einschätzung zufolge um eine private Arbeit des 15. Jahrhunderts handelte, die „für die Bearbeitung in den Constitutiones nicht in Betracht kommt"*[9]*.*

In der Tat war es ursprünglich vorgesehen, die Ordines der Königs- und Kaiserkrönung in die Unterreihe der „Constitutiones et acta publica" aufzunehmen und zwar gleich vom ersten Band an. Allerdings entschied sich dann deren erster Leiter, Ludwig Weiland (1841-1895), aufgrund des großen Arbeitsaufwandes, „alle Ordines erst später im Zusammenhang zu publicieren"[10]*. Erschienen ist bekanntlich nur die Edition der Kaiserkrönungsordines, alle anderen sind nach wie vor ein Desiderat*[11]*.*

Susanne DAUB, Kunstdenkmäler in Latium und der Toskana. Beschreibungen und Bewertungen des Jesuiten Daniel Papebroch aus den Jahren 1661–1662 (2016), jeweils mit weiteren Hinweisen.

5) *Vgl. BETHMANN, Reise. – Zu dem aus Helmstedt stammenden Monumentisten vgl. Otto VON HEINEMANN, Ludwig Konrad Bethmann, in: ADB 2 (1875) S. 573 f.; BRESSLAU, Geschichte, passim; Arnold ESCH, Für die Monumenta in Italien. Briefe Ludwig Bethmans von einer Archiv- und Bibliotheksreise 1845/46, in: FMSt 36 (2002) S. 517–532; Arnold ESCH, Lettere dall'Italia dall'archivio di Monumenta Germaniae Historica. Un „viaggio d'archivio" attraverso le Marche e l'Umbria nel febbraio del 1846, in: Orientamenti e tematiche della storiografia de Ovidio Capitani, hg. von Maria DE MATTEIS / Berardo PIO (Uomini e mondi medievali 36, 2013) S. 27–40.*

6) *BETHMANN, Reise S. 638 f.*

7) *BETHMANN, Reise S. 639.*

8) *Vgl. SCHWALM, Reise. – Zu Schwalm vgl. BRESSLAU, Geschichte S. 684 f. und mehrfach.*

9) *SCHWALM, Reise S. 12. Dagegen konnte Schwalm den von Bethmann angezeigten Kodex, der bei Muratori und Pertz (angeblich) verwendet wurde, nicht finden, vgl. ebd. und unten S. 15.*

10) *SCHWALM, Reise S. 11; erneut DERS., Prooemium, in: MGH Const. 2 (1896) S. VI; konkreter DERS., Index, in: MGH Const. 4, 1 (1906) S. XXVIII: „In editione nostra frustra quaeres Ordinem, qui legitur in editione Pertziana: (...) Coronatio Mediolanensis". Ähnlich auch schon für drei frühere Ordines Ludwig WEILAND, MGH Const. 1 (1893) S. XXI.*

11) *Ordines coronationis imperialis, hg. von ELZE. – Zur Entstehung der Edition vgl. die Einleitung ebd. S. XXXV f. und die Jahresberichte der MGH-Präsidenten. Die Ordines-Pläne und die Arbeit daran bedürften einer eigenen Untersuchung, die hier aber nicht en détail erfolgen kann. Während des 1. Weltkriegs wurde Eduard Eichmann mit der Edition der Krönungsordines betraut. 1934 übernahm dann Percy Ernst Schramm diese Aufgabe, der schon 1930 einen eigenen Plan und sodann zahreiche Studien vorgelegt hatte. Schramm wiederum*

Ungefähr aus derselben Zeit, in der Jakob Schwalm tätig war, stammt noch ein weiterer Plan für die Sammlung und Edition der Mailänder Krönungsordines. Er geht zurück auf den Liturgiehistoriker und Zeremonienmeister der Mailänder Kirche, Marco Magistretti (1862–1921), zugleich Herausgeber der „Monumenta veteris liturgiae Ambrosianae"[12]. *In einer Fußnote zu seiner Edition des Mailänder Pontificale kündigt er „ad huius voluminis calcem" eine Zusammenstellung an, „ubi integer edetur cum nonnullis aliis ordinibus pro regum coronationibus, tum ineditis, tum editis, ut uno volumine exhibeantur varii pro tempore ritus servati ab Archiepiscopis nostris, quibus haec benedictio inter metropoliticas praerogativas spectabat"*[13]. *Tatsächlich werden in einem Anhang immerhin zwei recht unterschiedliche Mailänder Ordines aus dem Hoch- und aus dem Spätmittelalter abgedruckt – Editionen, die bis zum heutigen Tag nicht überholt sind*[14].

Eine neue Basis wurde erst durch die knappe, kaum mehr als ein Dutzend Seiten umfassende Arbeit von Eduard Eichmann (1870–1946) gelegt – jenes Verfassers also, den die Leitung der Monumenta als Editor der Krönungsordines vorgesehen hatte[15]. *Obwohl er sich vordergründig nur an den Thesen von August Kröner in dessen Dissertation von 1901 abarbeitet, legt Eichmann die erste monographische Untersuchung zum Thema vor, die alle Ordines und alle Handschriften berücksichtigt*[16].

Den vorläufigen Schlusspunkt hat schließlich Reinhard Elze (1922–2000) im Jahre 1994 gesetzt – ein Schüler des früh verstorbenen Hans-Walter Klewitz in

---

empfahl 1948 Reinhard Elze für diese Edition, der dafür auch zahlreiche Archive, insbesondere in Italien besuchte. Zunächst war recht allgemein von Krönungsordines die Rede, erst im Laufe der 1950er-Jahre erfolgte dann angesichts der Materialfülle eine Beschränkung auf die Kaiserkrönungsordines. Andere Krönungsvorschriften, darunter auch die Mailänder, wurden auf eine spätere Ausgabe verschoben, die dann jedoch nicht mehr zustande kam. Vgl. auch David Thimme, Percy Ernst Schramm und das Mittelalter (2006) S. 388–390, 508–510 und mehrfach. Eine gewisse Schlüsselfunktion nimmt der „Plan" Schramms von 1930 ein: vgl. Schramm, Ordines-Studien I S. 366–369.

12) *Vgl. zu ihm Marco Navoni, Magistretti, Marco, in: Dizionario della Chiesa ambrosiana 3 (1989) S. 1841–1843; Fausto Ruggeri, Marco Magistretti, ceremoniere e storico della liturgia, in: Terra ambrosiana 37 (1996) Nr. 5 S. 56–60. Das Ölgemälde von Emilio Magistretti in der Pinacoteca Ambrosiana zeigt den Gelehrten, wie er mit einer Lupe mittelalterliche Handschriften untersucht.*

13) *Magistretti, Pontificale S. 62 Anm. *.*

14) *Vgl. Magistretti, Pontificale S. 111–134.*

15) *Vgl. Michael Tangl, Bericht 1916–1918, in: NA 43 (1922) S. X; Schramm, Ordines-Studien I S. 366. Unter Historikern bekannt geworden ist der Theologe und Jurist Eichmann vor allem durch seine Arbeit über das Verhältnis von Königs- und Bischofsweihe und die zweibändige Geschichte der mittelalterlichen Kaiserkrönung (mit zahlreichen Vorstudien). – Zur Person vgl. Klaus Mörsdorf, Eduard Eichmann. Zum 100. Geburtstag (14. 02. 1970), in: Archiv für katholisches Kirchenrecht 139 (1970) S. 492–499; Engelbert Maximilian Buxbaum, Eduard Eichmann (1870-1946). Sein Weg über Prag (1905) und Wien (1913) nach München (1918). Stationen eines Gelehrtenlebens, in: Archiv für katholisches Kirchenrecht 162 (1993) S. 13–51.*

16) *Vgl. Eichmann, Geschichte des Krönungsritus.*

Göttingen und von Percy Ernst Schramm den MGH als Editor der Krönungsordines vorgeschlagen[17]*. Der langjährige Leiter des DHI in Rom fasst nicht nur die disparate Diskussion zu den sechs Mailänder Ordines prägnant zusammen, sondern ediert auch einen von diesen, den Ordo von 1431, zum ersten Mal*[18]*. Elzes „Ordines für die Königskrönung in Mailand" müssen daher zweifellos als Ausgangspunkt für jede weitere Beschäftigung mit dieser Thematik betrachtet werden.*

I. Lombardische Ordines

Die beiden Lombardischen Ordines für die Krönung des Königs und der Königin sind in zwei Handschriften und ebenso vielen Editionen überliefert. Sie stellen nach unserem Kenntnisstand die mit Abstand ältesten Mailänder Krönungsvorschriften dar[19]*.*

a) Handschriften

V_1 ***Vatikan, Biblioteca Apostolica, Cod. lat. 13151, fol. 52r–59r***

Die erste Handschrift liegt heute in Rom, genauer in der Biblioteca Apostolica Vaticana:

> *Pergamentkodex; 81 Blätter; Größe: 227 x 142 mm; Schriftfeld: 185 x 85 mm; vollständig erhalten; regelmäßiges Schriftbild; etwa 25 Zeilen pro Seite; durchgehend Rubriken; geschmückt durch 31 Initialen (17 mit der Feder, 14 in Farbe); Pergamenteinband*[20]*.*

Wie die Handschrift nach Rom gekommen ist, lässt sich der Widmungsinschrift auf dem Vorsatz entnehmen. Dort heißt es: „Sanctissimo Patri Pio XI Pontifici Maximo in memoriam septuagesimi aetatis anni feliciter perfecti d. d. Bavarici Gubernii nomine feliciter. Monachii Pridie Kal. Iun. MCMXXVII." Mit diesem

17) *Vgl. Friedrich* BAETHGEN, *Bericht 1943–1948, in: DA 8 (1951) S. 19. – Zu den Archivreisen Elzes, unter anderem nach Mailand, vgl.* DERS., *Bericht 1951/52, in: DA 10 (1953/54) S. 8.*

18) *Vgl.* ELZE, *Königskrönung in Mailand. – Zum Verfasser vgl. die Nachrufe in den QFIAB 80 (2000) (Arnold* ESCH*) S. XXXV–XXXIX, im DA 57 (2001) (Bernhard* SCHIMMELPFENNIG*) S. 419–420 sowie im Jahrbuch der Bayerischen Akademie der Wissenschaften 2002 (Horst* FUHRMANN*) S. 301–309.*

19) *Vgl. dazu* EICHMANN, *Geschichte des Krönungsritus S. 517–524;* ELZE, *Königskrönung in Mailand S. 177–178;* PAPA, *Ordo incoronandi.*

20) ROSENTHAL, *Bibliotheca Nr. 86 S. 83–86;* CODAGHENGO, *Pontificale S. 242;* GAMBER, *Codices 1 Nr. 572 S. 280.*

Geschenk zum runden Geburtstag des Papstes würdigte der Freistaat Bayern die wissenschaftliche Tätigkeit Achille Rattis, der seit 1888 Bibliothekar an der Mailänder Ambrosiana und ab 1907 deren Präfekt war. Der wertvolle Kodex wurde im Jahre 1926 im Münchner Antiquariat Rosenthal erworben, dessen Handschriftenbestände damals geradezu legendär waren. Der im Vorjahr erschienene Katalog enthält unter der Nummer 86 die bis heute genaueste Beschreibung des Kodex[21]*. Dabei bemerkt der (anonyme) Verfasser völlig zu Recht, dass diese Handschrift „das älteste, ganz vollständige Pontificale Ambrosianum, das bisher bekannt ist", darstellt*[22]*.*

Wie der Kodex in den Antiquariatshandel kam, ist bislang unbekannt. Die letzten Spuren verlieren sich bei dem Grafen Donatus Silva (1690–1779), dessen wappengeschmückter Besitzstempel ebenfalls auf dem Vorsatz abgedrückt ist. Er war in Cinisello (nördl. von Mailand) ansässig und galt seinen Zeitgenossen als äußerst vielseitiger Gelehrter und finanzstarker Büchernarr[23]*. Durch diesen Besitznachweis ist die Herkunft des Kodex aus Oberitalien sichergestellt.*

Die beiden hier interessierenden Ordines sind auf den fol. 52r–59v überliefert. Es spricht alles dafür, dass sie vollständig wiedergegeben sind.

A) Inc.: Incipit Ordo qualiter rex ordinari debet – *Expl.*: clemens et misericors deus *(fol. 52r–58r)*

B) Inc.: Ordo ad reginam consecrandam – *Expl.*: cum deo patre et spiritu sancto *(fol. 58r–59r)*

Mailand, Biblioteca del Capitolo metropolitano, Cod. 2-D-3-7 bzw. D 1-11 (olim H. 9 und 21), fol. 103r–127v[24] *M_1*

Anders als der soeben genannte Kodex liegt eine zweite Handschrift seit vielen Jahrhunderten an ziemlich genau derselben Stelle: direkt neben der Mailänder Bischofskirche, dem Zentrum der Ambrosianischen Liturgie.

---

21) *Rosenthal, Bibliotheca Nr. 86 S. 83–86 und Tf. XVII. Das Handexemplar des Antiquars liegt heute im Stadtarchiv München. Ihm ist zu entnehmen, dass die Handschrift zuvor nur an eine Person zur Ansicht geschickt worden war. Zur Antiquarsfamilie vgl. den Sammelband: Die Rosenthals. Der Aufstieg einer jüdischen Antiquarsfamilie zu Weltruhm (2002).*

22) *Rosenthal, Bibliotheca S. 83.*

23) *Vgl. Mirella Ferrari, Libri ‚moderni' e libri ‚antiqui' nella biblioteca di S. Francesco Grande di Milano, in: Medioevo e latinità in memoria di Ezio Franceschini, hg. von Annamaria Ambrosioni u. a. (Biblioteca erudita. Studi e documenti di storia e filologia 7, 1993) S. 187–241, hier S. 221f.; Stefan Georges, Das zweite Falkenbuch Kaiser Friedrichs II. (Wissenskultur und gesellschaftlicher Wandel 72, 2008) S. 44.*

24) *Die zitierte Handschrift wird bisweilen mit einer anderen aus derselben Bibliothek verwechselt, nämlich 2-D-2-34 bzw. D 2-34 (olim 53), hier fol. 103v–112v. Diese wird allerdings seit den Forschungen von Erdmann dem Frühdeutschen Ordo zugerechnet. Vgl. Erdmann, Forschungen S. 55 mit Anm. 8 und 83; Jackson, Ordines coronationis Franciae S. 159; Papa, Ordo incoronandi S. 413.*

Pergamentkodex; heute 128 Blätter; Größe: 310 x 205 mm; Schriftspiegel: 220 x 120 mm; am Anfang und Ende fragmentarisch überliefert; große Schrift wahrscheinlich des 11. Jahrhunderts; 13 Zeilen pro Seite; durchgehend Rubriken; einige Anfangsbuchstaben in roter Tinte; große Initialen in unterschiedlichen Farben[25].

Nach einer plausiblen Vermutung von Reinhard Elze ist der ausgesprochen repräsentative Kodex nur eine Handschrift von ursprünglich zweien: „Die fehlenden Texte würden“ – so Elze – „einen zweiten Band von ca. 170 foll. füllen“[26].

Die beiden Ordines für die Krönung des Königs und der Königin stehen auch in der Mailänder Handschrift direkt hintereinander (fol. 103r–127v). Dabei ist allerdings nur der erste vollständig, der zweite bricht mitten in einem Gebet für die Königin ab:

A) Inc.: Incipit Ordo qualiter rex ordinari debet – *Expl.:* clemens et misericors deus *(fol. 103r–124v)*
B) Inc.: Ordo ad reginam consecrandam – *Expl.:* causa salutis de captivitatis suę *(fol. 125r–127v)*

b) Editionen

Die hier interessierenden Ordines hat der Liturgiehistoriker Marco Magistretti 1897 im ersten Band seiner „Monumenta veteris liturgiae Ambrosianae“ und zwar in einem Anhang ediert („Ordines pro benedictione et coronatione regis et reginae Italiae“). Allerdings war ihm nur die Mailänder Handschrift zugänglich, sodass die Vorschriften für die Krönung der Königin unvollständig blieben: „Reliquia desiderantur in codice, utpote mutilo.„

Ordo ex codice metropolitano saec. XI, hg. von Marco Magistretti, Pontificale in usum ecclesiae Mediolanensis necnon Ordines Ambrosiani ex codicibus saecc. IX–XV (Monumenta veteris liturgiae Ambrosianae 1, 1897) S. 111–120.

Neben dieser (unvollständigen) Edition von Magistretti wurden die beiden Handschriften auch für die kritische Herausgabe einzelner Formeln verwendet. So zieht Carl Erdmann für seine Edition des „Ordo der sieben Formeln“ den Text von Magistretti und damit indirekt den Kodex aus Mailand (mit der Sigle L) heran. Richard A. Jackson nutzt für seinen (ähnlich gelagerten) „Ordo der elf Formeln“

25) *Vgl. Magistretti, Pontificale S. XXVII–XXXIII, besonders Nr. 19 und 20; Gamber, Codices 1 Nr. 571 S. 279f.*
26) *Elze, Königskrönung in Mailand S. 178 Anm. 16.*

beide Handschriften, die Mailänder sowie die vatikanische (mit B und C als Siglen).

Ordo der sieben Formeln, hg. von Carl ERDMANN, *Forschungen zur politischen Ideenwelt des Frühmittelalters. Aus dem Nachlass des Verfassers herausgegeben von Friedrich Baethgen (1951) S. 87–89;*
Ordo of Eleven Forms, hg. von Richard A. JACKSON, *Ordines coronationis Franciae. Texts and Ordines for the Coronation of Frankish and French Kings and Queens in the Middle Ages 1 (1995) S. 154–167.*

c) Datierung

Die beiden Handschriften werden von der großen Mehrheit der Gelehrten mit paläographischen Argumenten in das 11. Jahrhundert datiert, so zuletzt etwa von Reinhard Elze[27]*. Dagegen glaubt Ottavia Papa, stärker differenzieren zu können. Ihr zufolge gehört die vatikanische Handschrift ins späte 11., der Mailänder Kodex dagegen ins frühe 12. Jahrhundert*[28]*.*

Fest steht jedenfalls, dass keine der beiden Handschriften als Orginal des Ambrosianischen Pontifikale zu betrachten ist und der jüngere vom älteren Kodex nicht abgeleitet sein kann[29]*. Die in den Krönungsordines verwendeten Formeln stammen, wie noch zu sehen sein wird, „spätestens aus dem 10. Jahrhundert"*[30]*, sodass die Entstehung dieser Texte auch sehr viel früher angesetzt werden kann.*

Ob einer der beiden Kodizes zu einem bestimmten Anlass geschrieben wurde, lässt sich nicht mehr eruieren. Zwar meint Ottavia Papa, die Mailänder Handschrift sei höchst wahrscheinlich bei der Krönung Konrads III. im Jahre 1128 benutzt worden[31]*. Jedoch gibt es dafür keine wie auch immer gearteten Beweise.*

d) Zahl der Ordines?

Die Krönungsvorschriften, von denen hier die Rede ist, werden in der einschlägigen Literatur gemeinhin als „Lombardischer Ordo" bezeichnet. Dies wirft die

---

27) *Vgl.* ELZE, *Königskrönung in Mailand S. 177. Auch Magistretti datiert, wie schon der Titel seiner Edition zeigt, die Handschrift ins 11. Jahrhundert.*

28) *Vgl.* PAPA, *Ordo incoronandi S. 413. Die Autorin verweist dabei auf eine eigene unpublizierte Arbeit von 1993/1994.*

29) *So werden die Verbesserungen der mutmaßlich älteren Handschrift (V_1) in der jüngeren (M_1) nicht übernommen. Es ist also stark zu vermuten, dass die Kodizes auf eine gemeinsame Vorlage zurückgehen.*

30) *Vgl.* ELZE, *Königskrönung in Mailand S. 177.*

31) *Vgl.* PAPA, *Ordo incoronandi S. 414.*

Frage auf: Um wie viele Ordines handelt es sich denn genau? Die Antwort ist aus den Handschriften leicht zu gewinnen:

Sowohl der vatikanische als auch der Mailänder Kodex bezeichnen den ersten Teil als Ordo qualiter rex ordinari debet. Sie bezeichnen aber ebenso den zweiten Teil als Ordo ad reginam consecrandam. Es werden demnach zwei Texteinheiten sehr deutlich unterschieden: jeweils eine für den Herrscher und eine für seine Gemahlin. Aus diesem Grund ist auf alle Fälle der Plural, Ordines, geboten.

Das ist durchaus keine selbstverständliche Konstellation. So werden zum Beispiel viele Vorschriften für die Kaiserkrönung als Ordo ad benedicendum et coronandum imperatorem oder ähnlich bezeichnet, obwohl am Ende Angaben für die Krönung der Kaiserin folgen. In Mailand liegen die Verhältnisse anders: Die meisten Krönungsvorschriften unterscheiden jeweils die beiden genannten Ordines[32].

Wie muss man sich das konkrete Vorgehen eines Zelebranten vorstellen? Wie entsteht auf der Basis eines Ordo die Krönungszeremonie? Dafür werden mehrere Elemente zusammengefügt. Grundbestandteil ist eine feierliche Messe, wobei die Salbung und Insignienübergabe in der Vormesse (das heißt: vor der Eucharistie) vorgenommen werden, ggf. mit Hilfe eines Ordo. Dabei konnte es geschehen, dass der Herrscher mit seiner Gemahlin erschien oder aber ohne sie. Nur im ersten Fall waren die Formeln ad reginam consecrandam erforderlich, die in einem eigenen Ordo niedergeschrieben waren. Insofern kann man gleichsam von einem „Modul-Charakter" dieser Vorschriften sprechen.

e) Textgattung

Die ersten Mailänder Krönungsordines sind in „Bischofsbüchern", das heißt „Libri pontificales" oder einfach „Pontifikalien", überliefert. Sie bestehen im Wesentlichen aus einer langen Reihe von Ordines zu Fragen, die die bischöflichen Amtshandlungen betreffen. Die Blütezeit dieser Gattung waren fraglos das 10. und 11. Jahrhundert[33].

Die beiden Handschriften sind – so das allgemeine Urteil – in Mailand entstanden und repräsentieren daher (gemeinsam mit etlichen Sakramentarien, Lektionarien, Antiphonarien usw.) die Ambrosianische Liturgie[34]. Für die Zuordnung

32) Solche Vorschriften sind etwa ELZE, Ordines coronationis imperialis S. 69–87 (Nr. XVIII), 88–102 (Nr. XIX), 124–129 (Nr. XXI), 133–139 (Nr. XXIII) usw., aber (in Ansätzen) auch schon S. 11–12 (Nr. IV in der B-Version).

33) Vgl. dazu Niels Krogh RASMUSSEN, Les Pontificaux du haut moyen âge. Genèse du livre de l'évêque (Spicilegium Sacrum Lovaniense 49, 1989).

34) Vgl. GAMBER, Codices 1 Nr. 501–595 (S. 259–286); Giacomo BAROFFIO, Iter liturgicum Ambrosianum. Inventario sommario di libri liturgici ambrosiani, in: Aevum 74 (2000) S. 583–

der Ordines ist das von größter Bedeutung: Weil eine inhaltliche Bezugnahme auf Mailand in den Texten durchweg fehlt, kann nur durch den Kontext des Pontificale Ambrosianum die Verbindung zur Lombardischen Krönung von König und Königin hergestellt werden.

Wie schon ein erster Blick lehrt, enthalten die Lombardischen Ordines nahezu ausschließlich Formeln; Rubriken kommen hingegen nur ganz am Rande (zum Beispiel in Abs. 15) vor. Diese Kombination gilt als typisch für die frühen Krönungsordines.

f) Vorlagen

Von den Formeln der beiden Ordines ist keine einzige neu. Aber es handelt sich um eine Zusammenstellung, die es nur hier gibt. Diese Tatsache hat bereits Carl Erdmann erkannt. Denn schon ihm war aufgefallen, dass die einzelnen Absätze zum einen dem von ihm so benannten ‚Ordo der sieben Formeln' entsprechen, zum anderen jedoch „ohne Rest und in der gleichen Reihenfolge den Leofric-Ordo" bilden[35].

Als „Siebenformelordo" (kurz: SO) bezeichnet Erdmann die Krönungsvorschrift aus einem Kodex in Brüssel (Bibliothèque Royale, Cod. 2067–73), der aus dem Kloster Stablo stammt, und datiert ihn in die erste Hälfte des 10. Jahrhunderts[36]*. Richard A. Jackson erweitert ihn auf breiterer Handschriftenbasis zum „Ordo der elf Formeln" (kurz: EO)*[37]*. Die vier zusätzlichen Formeln stammen aus einem Krönungsordo für die Königin; da dieser aber zumindest in den Handschriften, die hier von Bedeutung sind, als eigener Ordo ausgewiesen wird, verliert die Diskussion um sieben oder elf Formeln ihre Relevanz.*

Mit dem Leofric-Missale ist die Oxforder Handschrift Bodleian Library, Codex Bodley 579 gemeint, genauer deren älteste Stufe, der sogenannte „Leofric A". Der kleinformatige Kodex (gerade einmal 195 x 145 mm) wurde zuerst um 900 für einen englischen Erzbischof – wahrscheinlich Plegmund von Canterbury (890–923) – auf kontinentalen Quellen (aus Norditalien, Flandern etc.) basierend geschrieben. Benannt wurde das Missale nach einem späteren Besitzer, Bischof Leofric von Exeter (1050–1072)[38].

---

603. – Als Überblick vgl. Lejay, Ambrosien; Borella, Rito ambrosiano. Borella war, wie Marco Magistretti vor ihm, Zeremonienmeister der Erzbischöfe von Mailand. In lexikalischer Form: Angelo Majo (Hg.), Dizionario della Chiesa Ambrosiana, 6 Bde. (1987–1993).

35) *Erdmann, Forschungen S. 57 Anm. 5.*

36) *Vgl. Erdmann, Forschungen S. 57 Anm. 5. – Hier und im Folgenden sind jeweils auch die einleitenden Kapitel heranzuziehen.*

37) *Vgl. Jackson, Ordines coronationis Franciae Nr. XIV S. 154–167.*

38) *Vgl. Leofric Missal 2 S. 429–432 (*Benedictiones super regem noviter electum *und* Item super regem*), danach wird im Folgenden zitiert. In der älteren Forschung wurde The Leofric*

Percy Ernst Schramm hat nun neben dem älteren Leofric-Ordo eine etwas jüngere Version identifiziert, die er als die Egbert-Fassung bezeichnet (beide zusammen nennt er „Ordo E"). Sie ist in zwei Handschriften aus Paris (Bibliothèque Nationale, Cod. 10575, früher Évreux) und Rouen (Bibliothèque Municipale, Cod. 368, früher Alet) überliefert und wird mit dem Heiligen Dunstan in Verbindung gebracht (kurz: DO)[39]. *Der hier interessierende Mailänder Ordo lässt sich allerdings nicht einer Version eindeutig zuordnen, wie schon Carl Erdmann in seinen nachgelassenen Schriften festgestellt hat: „Die Textform des lombardischen Ordo steht vielfach der Egbert-Fassung näher, der Textbestand deckt sich aber mit dem Leofric-Ordo"*[40].

Bemerkenswert ist die Tatsache, dass alle Formeln, die aus dem Ordo der sieben bzw. elf Formeln stammen, auch im Pontificale Romano-Germanicum (kurz: PRG) stehen: als Ordo ad regem benedicendum, quando novus a clero et populo sublimatur in regnum *(Nr. 72) und als* Benedictio reginae *(Nr. 78). Dieses Pontifikale mit immerhin 258 Ordines wurde höchstwahrscheinlich kurz nach der Mitte des 10. Jahrhunderts im Kloster St. Alban zu Mainz verfasst. Es ist in mehr als 50 Handschriften überliefert und muss daher zu einem der einflussreichsten liturgischen Texte des Mittelalters (und darüber hinaus) gerechnet werden*[41].

Die Formeln für die Königin hat im Übrigen schon Reinhard Elze als „Ordo für die Krönung der Königin, im Ottonischen Pontifikale auch für die Kaiserin bestimmt"[42]*, identifiziert (kurz: KO III). Er muss ihm zufolge im westfränkischen Reich um das Jahr 900 entstanden sein. In dieser Fassung werden nicht nur die Formeln selbst angegeben, sondern es sind ihnen auch Überschriften vorangestellt:* 1. In ingressu ecclesiae; 2. Item benedictio eiusdem ante altare; 3. In sacri olei unctione *und* 4. Ad coronae impositionem.

Missal as used in the Cathedral of Exeter during the Episcopate of its First Bishop A. D. 1050–1072, hg. von Frederick E. Warren (1883) S. 230–231, zugrunde gelegt.

39) *Vgl. Ordo E (Angelsächsischer „Ordo des Hl. Dunstan"), hg. von Schramm, Krönung bei den Westfranken und Angelsachsen S. 209–220 samt der Einleitung S. 151–167; außerdem ders., Ordines-Studien III S. 311f. Nr. 3 und 4. Bei Schramm ist also der Text im Leofric-Missale nur eine Version des Ordo E, bei anderen Autoren stellt er einen eigenen Ordo dar.*

40) *Vgl. Erdmann, Forschungen S. 57 Anm. 4. Schramm, Krönung bei den Westfranken und Angelsachsen S. 211; ders., Ordines-Studien III S. 312, hatte den Lombardischen Ordo der Egbert-Fassung zugeordnet. – Auch der Textvergleich führt bisweilen zu einem ähnlich disparaten Ergebnis. So beginnt der 14. Abs. mit den Worten:* Et dicat omnis populus tribus vicibus cum episcopis: Vivat rex *etc. In der Leofric-Fassung heißt es:* Tunc dicat omnis populus cum episcopis tribus vicibus: Vivat rex *etc., in der Egbert-Fassung:* Et dicat omnis populus tribus cum episcopis et presbyteris: Vivat rex *etc. Der Lombardische Ordo stimmt also was den Anfang betrifft mit der einen, was die Beschränkung auf Bischöfe betrifft mit der anderen Fassung überein.*

41) *Pontifical romano-germanique 1 Nr. LXXII S. 246–261:* Ordo ad regem benedicendum quando novus a clero et populo sublimatur in regem *und LXXVIII S. 267–269:* Benedictio reginae.

42) *Vgl. Elze, Ordines coronationis imperialis S. 6–9 (Nr. III).*

Mit Blick auf die Lombardischen Ordines ergibt sich also folgendes Bild (dabei machen die Verweise auf Similien, nicht unbedingt auf direkte Vorlagen aufmerksam)[43]:

Krönung des Königs

Abs. 1	*SO 1; EO 2; PRG 72, 11*
Abs. 2	*DO 1; Leofric 2458*
Abs. 3	*DO 2; Leofric 2459*
Abs. 4	*SO 2; EO 3; PRG 72, 18*
Abs. 5	*DO 3; Leofric 2460*
Abs. 6	*SO 3; EO 4; PRG 72, 22*
Abs. 7	*SO 4; EO 5; PRG 72, 21*
Abs. 8	*SO 6; EO 7; PRG 72, 19*
Abs. 9	*SO 5; EO 6; PRG 72, 20*
Abs. 10	*SO 7; EO 8; PRG 72, 25*
Abs. 11	*DO 4; Leofric 2461*[44]
Abs. 12	*DO 5; Leofric 2462*
Abs. 13	*DO 6; Leofric 2463*
Abs. 14	*DO 7; Leofric 2464*
Abs. 15	*DO 7; Leofric 2464*
Abs. 16	*DO 8; Leofric 2465*
Abs. 17	*DO 9; Leofric 2466*

Krönung der Königin

*Abs. 1**	*EO 10; PRG 78, 1; KO III, 1*
*Abs. 2**	*EO 11; PRG 78, 2; KO III, 2*
*Abs. 3**	*EO 12; PRG 78, 3; KO III, 3*
*Abs. 4**	*EO 13; PRG 78, 4; KO III, 4*

Daneben gibt es eine ganze Reihe weiterer Analogien. So enthält das Pontificale Augustanum des 11. Jahrhunderts am Ende eine Consecratio regis *(Nr. XXIX), die lediglich die Weihepräfation* Omnipotens aeterne deus, creator omnium *enthält. Es könnte sich dabei durchaus um den Beginn eines Ordo handeln, der vielleicht ähnlich wie der Lombardische gelautet hat. Voraus geht ihm allerdings*

---

43) *Dabei fällt auf, dass die Abschnitte des Sieben- bzw. Elfformelordo vollständig verwendet werden, aber nicht in der ursprünglichen Reihenfolge; so folgt auf SO 4 zunächst 6 und erst dann 5 (entsprechend beim EO). Noch stärker geht die Abfolge des PRG durcheinander.*

44) *SCHRAMM, Krönung bei den Westfranken und Angelsachsen S. 215–217, nummeriert die einzelnen Segenssprüche mit „a" bis „r" durch. Die Nr. i (*A te robustum teneat *etc.) fehlt im Lombardischen Ordo, die Nr. m (*Tu ei honor sis *etc.) und n (*Tu in iniuriis defensor *etc.) sind zu einem Segensspruch zusammengezogen.*

ein ausführlicher Ordo qualiter regina consecratur *(Nr. XXVIII), der nicht mit dem Lombardischen Ordo für die Königin übereinstimmt*[45].

g) Paradigmengebete

Die Formeln und Gebete, aus denen die Ordines zum größten Teil bestehen, bedürften einer sehr eingehenden Interpretation, die hier nicht geleistet werden kann. Immerhin soll aber auf ein Phänomen hingewiesen werden, das gleich im ersten Abschnitt belegt ist: die Bezugnahme auf vorbildliche Herrschergestalten des Alten Testaments, nämlich Abraham, Moses, Josua, David und Salomon. Ihnen hat sich der Allmächtige – so wird gesagt – in unterschiedlicher Weise zugewandt, das heißt: Sieghaftigkeit, Stärke, Milde und Demut verliehen. Deshalb wird Gott angerufen, nun auch dem neuen König entsprechend beizustehen. Diese Art von Gebeten hat schon vor rund hundert Jahren der Syriazist Anton Baumstark als Paradigmengebete bezeichnet: der Bezug auf ältere Beispiele, listenartig zusammengestellt, die als Vorbild für ein künftiges Handeln Gottes gelten sollen[46].

Diese Art der Aufzählung ist freilich kein Vorrecht der Könige. Auch der Ordo ad reginam consecrandam *beginnt gleich mit einem solchen Gebet. Mit Judith, Sarah, Rebecca, Lea und Rachel werden ebenfalls fünf vorbildliche Frauen aus dem Alten Testament genannt (Abs. 1*), nur wenig später folgt noch Esther, die Gemahlin des persischen Königs Assuerus (d. h. Xerxes' I.), als sechste (Abs. 2*).*

h) Zur Textpräsentation

Die Edition folgt der einzigen vollständigen, das heißt: der vatikanischen Handschrift (V_1). Die wenigen Abweichungen des Mailänder Kodex werden in den Anmerkungen angeführt (M_1). Sehr viel stärker sind hingegen die Eingriffe von Marco Magistretti in seiner Ausgabe von 1897. Hier werden ganz konsequent e caudata, *durch* ae *oder einfaches* e *ersetzt, hyperurbane* h *gestrichen (so etwa* Abraham *statt* Habraham, Ester *statt* Hester*), Konsonanten verdoppelt (*commercio

45) *Vgl. Pontificale Augustanum. Le pontifical du XIe siècle de la Bibliothèque Capitulaire d'Aoste (Cod. 15), hg. von Robert* Amiet *(Monumenta liturgica ecclesiae Augustanae 3, 1975) Nr. XXVIII S. 161–163 sowie Nr. XXIX S. 163 f. Dazu* Elze, *Königskrönung in Mailand S. 178 Anm. 22.*

46) *Vgl. Anton* Baumstark, *Paradigmengebete ostsyrischer Kirchendichtung. Übersetzt und dem Kreise verwandter Erscheinungen eingeordnet, in: Oriens christianus N. S. 10/11 (1920/21, erschienen 1923) S. 1–32, hier S. 2. – Das klassische Paradigma im jüdischen Testament ist die Rettung des Volkes Israel aus Ägypten.*

statt comercio*) oder auch vereinfacht (*amodo *statt* ammodo*) etc. – und dadurch der Text an die lateinische Orthographie seiner eigenen Zeit angepasst.*

Nicht berücksichtigt ist ein interessantes Phänomen, auf das vor allem Percy Ernst Schramm aufmerksam gemacht und in seiner Edition des Dunstan-Ordo durch Fettdruck hervorgehoben hat: die Alliteration, besonders in den Abs. 2 und 3. So heißt es dort beispielsweise cum pace propitiationis et virtute victorię *(Abs. 2) oder sogar* pauperibus pietas, peregrinis pacificatio, propriis in patria pax *(Abs. 3)*[47].

II. Die Ordines von 1311

Die nächsten Mailänder Krönungsvorschriften in chronologischer Reihenfolge sind rund zweieinhalb Jahrhunderte jünger als die Lombardischen Ordines. Auch hierbei handelt es sich um Ordines für den König und die Königin.

a) Handschrift

Paris, Bibliothèque Nationale, Cod. lat. 977 P_1

Die einzige Handschrift der beiden hier genannten Ordines liegt heute in Paris und wurde zuletzt von dem Mediävisten und Bibliothekar Philippe Lauer beschrieben:

> *Pergamentkodex; 13 Blätter; Größe: 260 x 175 mm; Schriftfeld: 185 x 120 mm; vollständig erhalten; italienische Schrift des 14. Jahrhunderts; 24 Zeilen pro Seite; geschmückt durch 45 große Initialen (für Formelanfänge); durchgehend Rubriken; Einband aus rotem Leder*[48].

Am Beginn der ersten Seite hat eine etwas jüngere Hand die Worte Iste est liber magnifici domini, domini Mathei Visconti *(fol. 1r) notiert. Sie bezieht sich damit auf Matteo II. Visconti, Herr über Bologna, Lodi, Piacenza und Parma, der 1355 im Auftrag seiner Brüder ermordet wurde. Einer dieser Brüder, Galeazzo II., eroberte Pavia, errichtete dort seine Residenz und erbautet 1360 bis 1365 das Schloss, das bis zum heutigen Tag als ‚Castello Visconteo' bekannt ist. In diesem wurde eine stattliche Bibliothek eingerichtet und darin offenbar auch das erwähnte Buch Matteos II. aufgestellt*[49]*. Zumindest heißt es in einem Katalog vom Jahre*

---

47) *Vgl. Ordo E, hg. von* SCHRAMM, *Krönung bei den Westfranken und Angelsachsen S. 212–214 Abs. 1 und 2 sowie mehrfach.*

48) *Vgl. Philippe* LAUER, *Catalogue général des manuscrits latins 1: N°s 1–1438 (1939) S. 348.*

49) *Vgl. dazu ausführlich* PELLEGRIN, *Bibliothèque des Visconti.*

1426 (in der so genannten Consignatio librorum*) an 155. Stelle von beinahe tausend Kodizes:* Consecratio Regis vel Regine liber parvi voluminis copertus corio rubeo hirsuto[50]. *Damit nehmen die Bibliothekare offenbar auf den ‚Titel' des schmalen Kodex Bezug, der sich auf der letzten Seite (fol. 13v) findet:* Liber ad consecrandum rege(m) et reginam[51].

Mit der Eroberung wichtiger Städte in Oberitalien durch die Franzosen in den Jahren 1499 und 1500 fiel auch die prächtige Hofbibliothek von Pavia in die Hände König Ludwigs XII., der die Kodizes nach Paris bringen ließ[52]. *Die Spuren der Aufbewahrung in der französischen Hauptstadt sind gleich auf der ersten Seite deutlich zu erkennen: die Signaturen von Rigault (*MDXLVIII*), Dupuy (*1586*), Regius (*4228*) sowie die aktuell gültige (*977*) (fol. 1r). Sie reichen mithin zurück bis in die Zeit König Ludwigs XIII.*

b) Editionen

Die Ordines von 1311 wurden bisher dreimal und damit häufiger als jede andere Mailänder Krönungsvorschrift ediert: in den Jahren 1698, 1702 und schließlich 1837. Ihre Geschichte ist weit komplizierter, als man bei der einfachen Handschriftenüberlieferung vermuten würde. Es handelt sich um

> *Ludovico Antonio Muratori, Anecdota quae ex Ambrosianae Bibliothecae codicibus nunc primum eruit 2: De corona ferrea qua Romanorum Imperatores in Insubribus coronari solent (Mailand 1698) S. 328–337 (ohne die Vorschriften für die Königin)*[53];
> *Edmond Martène, De antiquis Ecclesiae ritibus 3 (Rouen 1702) S. 173–177; zweite Auflage, noch zu Lebzeiten: De ritibus 2 (Antwerpen ²1736) Sp. 584–589 (sowie zahlreiche posthume Auflagen);*
> *Coronatio Mediolanensis, hg. von Georg Heinrich Pertz (MGH Leges [in folio] 2, 1837) S. 503–509.*

Wie bereits weiter oben erwähnt, stammt die erste Edition von Ludovico Antonio Muratori, dem „Vater der italienischen Historiographie„; es handelt sich um die älteste Ausgabe eines Mailänder Krönungsordo überhaupt. Muratori verweist darauf, dass er seinen Text „e MS. Codice" bezogen habe, was nach der Lage der Dinge nur die Pariser Handschrift 977 sein kann. Umso erstaunlicher ist es, dass

---

50) *Vgl. Pellegrin, Bibliothèque des Visconti S. 75–289, hier S. 106.*

51) *Es handelt sich um dieselbe Hand, die auch den Besitzvermerk am Beginn der Handschrift geschrieben hat.*

52) *Vgl. Pellegrin, Bibliothèque des Visconti S. 70–76.*

53) *Es fehlen also die Abs. 42–52 der hier vorliegenden Edition.*

er sich dann auf einen Kodex aus Monza bezieht, den ihm der gelehrte Jurist und Schriftsteller Giovanni Battista Bianchini zugänglich gemacht habe[54]. *Von einer Monzeser Handschrift ist sonst nicht die Rede und was Muratori bietet, ist eine recht genaue Abschrift des Pariser Exemplars; sogar die Glossen dieser Handschrift werden von ihm berücksichtigt*[55].

Kein Wunder daher, dass die Mitarbeiter der MGH diesen Kodex suchten, und kein Wunder auch, dass sie ihn nicht fanden. So identifiziert Ludwig Bethmann in den 1840er-Jahren im Kapitelarchiv von Sant'Ambrogio einen „Ordo ad coronandum regem et reginas (!) Mediolani (...), gedruckt bei Muratori mit sehr ausführlicher Beschreibung des Hergangs"[56]. *Allerdings deutet das Incipit auf den sog. „Ordo von Sant'Ambrogio" hin, der hier an dritter Stelle ediert ist. Nicht viel besser erging es Jakob Schwalm fünfzig Jahre später: „Dem wichtigen Ordo coronationis Mediolanensis (Muratori, Anecdota II, 328 = Leges II, 504) kam ich leider nicht auf die Spur, obwohl ich nach Bethmanns oben citierten Angaben hoffen durfte, ihn aufzufinden"*[57].

Nur vier Jahre nach Muratori hat der aus der Nähe von Dijon stammende Mauriner Edmond Martène den Text erneut ediert[58]. *Er nennt nicht nur den zugrundeliegenden Kodex, sondern gibt auch dessen Alter und Bibliothekssignatur an: „Ex ms. codice bibliothecae regiae, annorum circiter 400, num. 4208"*[59]. *Martène hat die schmale Handschrift zweifellos selbst gesehen. Auffällig ist nur, dass die Signatur falsch angegeben wird (4208 statt 4228) – ein Fehler, der sehr lange weitergetragen worden ist.*

Die Monumenta-Ausgabe von 1837 wendet dagegen ein kombiniertes Verfahren an; sie berücksichtigt drei Überlieferungsstränge: 1. den Pariser Kodex (der allerdings mit der „Nr. 4208" und damit nach Martène angeben wird); 2. die Ausgabe von Martène in der zweiten Auflage, sowie 3. die Edition von Muratori, die

---

54) *Vgl. Muratori, Anecdota 2 S. 327: „Quoniam vero ad perfectiorem hujus materiae formam futurum est, ut plurimum conducat, si et Liturgia proferatur, quae in ipsa Italicorum Regum coronatione usurpabatur, en antiquissimam exhibeo e MS. Codice descriptam. Modoëtiensi in Archio monumentum hoc olim exabat, ejusque exemplar inde educendum curavit doctissimus vir Ioannes Baptista Blanchinus Mediolanensium antiquitatum egregius cultor, illudque mihi perhumaniter communicavit." – Zu dem auch als Fälscher bekannten Blanchinus (1613–1699) vgl. Armando Petrucci, Bianchini, Giovanni Battista, in: DBI 10 (1968) S. 196–197.*

55) *Vgl. Muratori, Anecdota 2 S. 330 (dreimal) und 335 (einmal). Die Glossen sind jeweils zwischen Klammern abgedruckt. – Es ist theoretisch nicht auszuschließen, dass es sich bei dem zumindest verschollenen Monzeser Kodex um eine Kopie der Pariser Handschrift gehandelt hat, einen selbständigen Text weist sie jedoch auf keinen Fall auf.*

56) *Bethmann, Reise S. 638 f.*

57) *Schwalm, Reise S. 12.*

58) *Vgl. Aimé-Georges Martimort, La documentation liturgique de Dom Edmond Martène. Étude codicologique (Studi e testi 279, 1978) Nr. 242 und 765; allgemeiner Daniel-Odon Hurel, Mauriner, in: LThK 6 (³1997) Sp. 1496–1498.*

59) *Vgl. lib. II, cap. IX, ordo V seiner Abhandlung „Ad benedicendum imperatorem in ecclesia Mediolanensi" (Martène, De antiquis ritibus 3 S. 173).*

auf einem angeblichen apographen Monzeser Kodex beruhe (und diesen sozusagen bezeugt). Zumindest die wichtigsten Varianten dieser drei Textzeugen, die aber in Wirklichkeit auf ein und dieselbe Handschrift zurückgehen, werden im Apparat notiert.

Zwei der drei Ausgaben arbeiten mit starken und häufigen Abkürzungen[60]. *Angesichts der Editionspraxis dieser Zeit und der Formelhaftigkeit vieler Texte ist das nicht weiter erstaunlich. Auffälliger ist dagegen die Tatsache, dass in der Ausgabe von Muratori auch viele Formeln erweitert werden: So wird zum Beispiel* per *zu* per omnia secula seculorum *ergänzt (Abs. 47) und* Dominus vobiscum *mit* Et cum spiritu tuo *beantwortet (Abs. 6)*[61]. *Diese Erweiterungen (bei Muratori und danach bei Pertz) werden im Folgenden nicht notiert.*

c) Übersetzung

Eine weitere Besonderheit der Krönungsordines von 1311 ist der Umstand, dass von ihnen eine Übersetzung in eine moderne Sprache – nämlich ins Italienische – vorliegt. Sie stammt von Rocco Bombelli, einem heute wenig gelesenen Autor, der aber seit den späten 1860er-Jahren ein reiches Œuvre hervorgebracht hat: Monographien über die Entstehung des Kirchenstaates, die Geschichte der Zahlen, über die römische Akademie San Lucca usw. In einer weiteren Schrift über die Geschichte der Eisernen Krone von 1870 fügt er ein „Volgarizzamento dell'antica liturgia usata nella inaugurazione italica di Enrico VI." ein[62]. *Mit „Heinrich VI." ist tatsächlich der 1311 gekrönte Luxemburger gemeint, da in Italien – so Bombelli – der Sachse Heinrich I. nicht mitgezählt werde.*

d) Datierung

Die Datierung der beiden hier interessierenden Ordines ist vergleichsweise einfach. Sie stehen in direktem Zusammenhang mit der Mailänder Krönung Heinrichs VII. sowie der Margaretha von Brabant, die am 6. Januar 1311 stattgefunden hat[63]. *(Was natürlich nicht heißen muss, dass sie bei dieser Gelegenheit auch tatsächlich verwendet wurden.)*

---

60) *Nämlich die Ausgaben von* MARTÈNE, *De antiquis ritibus, und* PERTZ, *Coronatio Mediolanensis.*

61) *Es handelt sich ausschließlich um (Ergänzungen von) Formeln, die jedem Kleriker geläufig waren. Daher sind sie textkritisch wertlos.*

62) *Vgl.* BOMBELLI, *Corona ferrea S. 77–93.*

63) *Zu den Italienzügen des Trecento vgl. Roland* PAULER, *Die deutschen Könige und Italien im*

Die Identifizierung ist deshalb so einfach, weil bereits im zweiten Abschnitt als Adressat der Krönung ein gewisser Heinricus *genannt und im weiteren Verlauf des Textes der fragliche Herrscher mit* H. *abgekürzt wird*[64]. *Nach Lage der Dinge kann damit nur der erste König aus dem Hause der Luxemburger gemeint sein*[65].

Interessant ist die Tatsache, dass in den Abschnitten über die Königin kein Name (bzw. Kürzel) erwähnt wird. Wahrscheinlich war er den Verfassern, die in Mailand zu vermuten sind, schlicht nicht geläufig. Es ist im Übrigen kein seltenes Phänomen, dass (gerade in Italien) der künftige Kaiser sehr viel stärker im Zentrum des Interesses seht, als seine Gemahlin.

e) Glossen

Der Text in der Pariser Handschrift wurde wiederholt glossiert, das erste Mal auf fol. 2v. Auch diese Ergänzungen sind erfreulicherweise präzise datiert, heißt es doch: Additiones tempore domini Ludovici regis Romanorum. *Und im Folgenden wird mit Bezug darauf immer wieder auf* Additiones eiusdem *verwiesen*[66].

Gemeint ist damit natürlich die Zeit Ludwigs des Bayern, der in den Jahren 1327 bis 1330 in Italien weilte und am 31. Mai 1327 in Mailand gekrönt worden ist. Bei dieser Gelegenheit wurde der auf Heinrich VII. bezügliche Text offenbar wieder hervorgeholt und in einigen Punkten überarbeitet. Auch hier ist nicht klar, ob diese Vorschrift bei den Mailänder Krönungsfeierlichkeiten selbst eine Rolle gespielt hat. Es lässt sich aber dennoch recht gut ein Ordo coronationis im Entstehen beobachten.

f) Verhältnis der Ordines

Wie schon im oben erörterten Fall ist auch bei den Vorschriften von 1311 ausdrücklich von einem Ordo für den König und einem anderen für die Königin die Rede; deshalb ist auch hier eine Pluralform erforderlich. Allerdings ist die Anordnung eine ganz andere.

Denn während im Falle der Lombardischen Ordines die Vorschriften für die Krönung der Königin einfach am Ende angehängt werden, stehen sie im Falle der

---

14. Jahrhundert, Von Heinrich VII. bis Karl IV. (1997). Aus stadtgeschichtlicher Perspektive vgl. die 18-bändige Storia di Milano (1953–1996), hier vor allem die Bände 5 und 6 (1955).

64) *Vgl. Abs. 3, 8, 17, 53, 55, 56, 57, 61.*

65) *Allerdings hatte noch* Muratori, *Anecdota 2 S. 327, verschiedene Heinriche diskutiert und sich schließlich für den Salier Heinrich IV. entschieden.*

66) *Vgl. fol. 2v (zweimal), 3r, 5r, 9r, 10v. – Von einer anderen Hand stammen die Glosse fol. 6v sowie gelegentliche Bemerkungen wie* Ore(mus) *usw.*

Ordines von 1311 an der richtigen, das heißt: dem liturgischen Verlauf entsprechenden Stelle. Für den Schluss der Messe (ab Abs. 53) kehrt der Verfasser dann zum Text der Vorschriften für den König zurück:

- Ordo ad consecrandum regem *(fol. 1r–10v)*
- Ordo ad benedicendum reginam *(fol. 10v–12r)*
- *Hauptmesse, nach dem* Ordo ad consecrandum regem *(fol. 12r–13r)*

Mit diesen beiden Varianten scheinen die grundsätzlichen Alternativen, was die Kombination der Ordines betrifft, bereits abgesteckt zu sein[67].

g) Handschriftentypologie

Auf der letzten Seite der Pariser Handschrift wird der vorausgegangene Text – vielleicht von der Hand eines Bibliothekars – als Liber ad consecrandum rege(m) et reginam *charakterisiert. Sehr wahrscheinlich daran anknüpfend bezeichnet Reinhard Elze den Kodex als ein „Krönungsbuch". Elze weist zugleich darauf hin, dass eine ganze Reihe solcher monographischer Krönungsordines in unterschiedlichen Ländern Europas angefertigt wurden (und noch erhalten sind)*[68]. *Weitere Beispiele werden hier noch folgen.*

h) Vorlagen

Die Vorlagen für die Ordines von 1311 lassen sich mithilfe der hier folgenden Tabelle zumindest grob andeuten:

Krönung des Königs

Abs. 1)	*OF XVI, 2*
Abs. 2)	*OF XVI, 2*
Abs. 3)	*OF XVI, 3 (PRG 72, 1 u. Anh. I, 1)*
Abs. 4)	*OF XVI, 4 und 6*
Abs. 5)	*OF XVI, 5*
Abs. 6)	*OF XVI, 7 (PRG 72, 3 u. Anh. I, 3)*
Abs. 7)	*OF XVI, 8*
Abs. 8)	*OF XVI, 9 (XV, 45; PRG 72, 5 u. Anh. I, 5)*
Abs. 9)	–

67) *Noch größer ist allerdings der Abstand, wenn, wie im „Ordo von Arras" (*JACKSON*, Ordines coronationis Franciae Nr. XVI), nach den Vorschriften für die Königskrönung zunächst diejenigen für die Kaiserkrönung und erst dann die für die Königinnenkrönung folgen.*

68) *Vgl.* ELZE, *Königskrönung in Mailand S. 179 Anm. 23.*

Abs. 10) OF XVI, 10
Abs. 11) OF XVI, 11 (in indir. Rede)
Abs. 12) OF XVI, 11 (in indir. Rede)
Abs. 13) OF XVI, 11–12 (XV, 2)
Abs. 14) OF XVI, 13 (XV, 3)
Abs. 15) OF XVI, 14 (XV, 4)
Abs. 16) OF XVI, 14 (XV, 5)
Abs. 17) OF XVI, 15 (XV, 6)
Abs. 18) OF XVI, 16 (XV, 7)
Abs. 19) OF XVI, 17 (XV, 8)
Abs. 20) OF XVI, 18 (XV, 9; PRG 72, 11)
Abs. 21) OF XVI, 19 (XV, 12)
Abs. 22) OF XVI, 20 (XV, 10 u. 13)
Abs. 23) OF XVI, 21–22 (XV, 15; PRG 72, 18)
Abs. 24) OF XVI, 23 (PRG 72, 20)
Abs. 25) OF XVI, 24 (XV, 17)
Abs. 26) OF XVI, 25 (PRG 72, 19)
Abs. 27) OF XVI, 26 (XV, 21)
Abs. 28) OF XVI, 27 (PRG 72, 22)
Abs. 29) OF XVI, 28 (XV, 23)
Abs. 30) OF XVI, 29 (XV, 24)
Abs. 31) OF XVI, 30 (XV, 25)
Abs. 32) OF XVI, 31 (XV, 26; PRG 72, 21)
Abs. 33) OF XVI, 32 (XV, 27)
Abs. 34) OF XVI, 36 (XV, 31)
Abs. 35) OF XVI, 38
Abs. 36) OF XVI, 38
Abs. 37) OF XVI, 38
Abs. 38) OF XVI, 39 (XV, 34; PRG 72, 25)
Abs. 39) –
Abs. 40) OF XVI, 40 (XV, 37)
Abs. 41) OF XVI, 41

Krönung der Königin
Abs. 42) OF XVI, 50
Abs. 43) OF XVI, 51 (PRG 78, 1)
Abs. 44) OF XVI, 52
Abs. 45) OF XVI, 53 (PRG 78, 2)
Abs. 46) OF XVI, 54
Abs. 47) OF XVI, 55 (PRG 78, 3)
Abs. 48) OF XVI, 56 (XV, 51)

Abs. 49) OF XVI, 57 (XV, 54)
Abs. 50) OF XVI, 58 (XV, 53)
Abs. 51) OF XVI, 59
Abs. 52) OF XVI, 60 (XV, 50)

Krönungsmesse
Abs. 53) OF XVI, 41–42 (PRG 73, 1)
Abs. 54) OF XVI, 48
Abs. 55) –
Abs. 56) OF XVI, 43
Abs. 57) OF XV, 59
Abs. 58) OF XVI, 44 (PRG 72, 23)
Abs. 59) OF XVI, 45 (PRG 72, 23)
Abs. 60) OF XVI, 46 (PRG 72, 23)
Abs. 61) OF XVI, 47 (PRG 72, Anh. I, 17)
Abs. 62) OF XVI, 48

Es ist zunächst offensichtlich, dass sich der Mailänder Verfasser von 1311 in allererster Linie am „Ordo von Arras" (P. E. Schramm) bzw. am „Royal Ordo in Cologne Dombibliothek 141" (R. A. Jackson als Nr. XVI) orientiert hat. Das gilt sowohl für die Formeln als auch für die Rubriken, die im wörtlichen Sinne zu Dutzenden dem eigenen Text als Vorbild dienten. Darüber hinaus gibt dieser Ordo im Wesentlichen den Ablauf vor; nur bei den Formeln für die Königin ist ein Bruch zu erkennen: In den Mailänder Vorschriften sind sie in den Text für die Königskrönung integriert, im „Ordo von Arras" stehen sie am Ende.

Die hier interessierende Vorlage ist in zwei Handschriften überliefert: in einem Kölner (Erzbischöfliche Diözesan- und Dombibliothek, Cod. 141, fol. 153r–165v und 168v–171v, erste Hälfte des 11. Jahrhunderts) und in einem Bamberger Kodex (Staatsbibliothek, Cod. Msc. Lit. 56, fol. 146r–155v und 158r–160r, 14. Jahrhundert)[69]*. Die ältere Handschrift stammt aus einem Kloster der Diözese Arras, vielleicht aus der Abtei Saint-Vaast. Der Zusammenhang mit einer französischen Krönung ist, anders als es die Edition unter den „Ordines coronationis Franciae" suggeriert, nicht anzunehmen*[70].

Welcher Handschrift der Mailänder Verfasser folgt – und ob überhaupt einer der beiden –, wäre noch zu überprüfen. Auf den ersten Blick steht er der Bamber-

69) *Ediert von* J*ACKSON*, *Ordines coronationis Franciae Nr. XVI S. 201–216.*

70) *Vgl. dazu* A*NDRIEU*, *Ordines romani 1 S. 78 und 108–114 sowie 4 S. 475–479 (mit der Edition des Kaiserkrönungsordo „dazwischen" S. 481–485);* E*ICHMANN*, *Geschichte des Krönungsritus S. 524–528;* S*CHRAMM*, *Ordines-Studien II S. 23 f. und 55;* E*LZE*, *Königskrönung in Mailand S. 179, sowie die Einleitung zur Ausgabe von* J*ACKSON*, *Ordines coronationis Franciae S. 201–203. – Schramm, a. a. O. setzt den Ordo „um 1000" an,* J*ACKSON*, *a. a. O. in der ersten Hälfte des 11. Jahrhunderts.*

ger Fassung deutlich näher: So wird der Versikel Israel si me *in der Kölner Handschrift nur bis zum dritten Wort zitiert; in der Bamberger folgen noch* audieris non erit in te *usw. Die Mailänder Vorschrift schließt sich der längeren Fassung an, wenn auch nicht (ganz) wörtlich*[71]. *Im Gebet* Deus perpetuitatis *(Abs. 29) wird der ewige Gott als* lux virtutum *(Köln) bezeichnet, in der Bamberger Handschrift hingegen als* dux virtutum*; der Mailänder Ordo übernimmt die zweite Variante*[72].

Viele Vorschriften des „Ordo von Arras" hatten bereits im 11. Jahrhundert eine sehr lange Geschichte, die sich nicht in wenigen Sätzen darstellen lässt; aber es können immerhin einige Quellen (ohne jeden Anspruch auf Vollständigkeit) benannt werden, die für ihre Genese maßgebend waren.

So stammt ein erhebliches Quantum an Vorschriften – besonders im mittleren Teil – aus dem Ratold-Ordo (früher: Fulrad-Ordo), der nach Abt Ratold von Corbie (gest. 986), dem Auftraggeber der ältesten Handschrift (Paris, Bibl. Nat., Cod. lat. 12052), benannt ist[73]. *Er ist in mindestens zwanzig Handschriften überliefert, zahlreiche andere sind im Laufe der Zeit offenbar verloren gegangen. Noch früher ist das Pontificale romano-germanicum entstanden (s. oben), das bereits eine ganze Reihe der Texte – besonders der Formeln – enthält. Zum Beispiel ist der Ordo für die Weihe der Königin entscheidend durch diese Mainzer Vorlage geprägt. Einzelne Gebete und Formeln reichen sogar bis in die karolingische Ära zurück: So finden sich etwa frühe Parallelen zu den Vorschriften von 1311 in den Ordines der Judith, Karls des Kahlen, Ludwigs des Stammlers und im sogenannten Erdmann-Ordo*[74].

Auf ein besonders bemerkenswertes Beispiel von Traditionalität, an dem sich bereits Ludovico Antonio Muratori im ausgehenden 17. Jahrhundert gestoßen hat, sei hier wenigstens aufmerksam gemacht[75]: *Bei der Konsekration sagt der Erzbischof mit Bezug auf den aktuellen König unter anderem:* ut regale solium videlicet Saxonum, Merciorum, Nordanymbrorumque aliorumque populorum

71) *Vgl. Abs. 4 (*audieris non erit in te dominus recens neque adorabis dominum alienum*) mit* JACKSON, *Ordines coronationis Franciae Nr. XVI, 6 Anm. a (*audieris non erit in te deus recens neque adorabis deum alienum ego enim dominus*).*

72) *Vgl. Abs. 29 mit* JACKSON, *Ordines coronationis Franciae Nr. XVI, 28 Anm. b. – Weitere Beispiele in Abs. 20* pacis *statt* pacisque, Nordanymbrorumque *statt* Nordan Hunbrorumque, *in Abs. 22* oleo *statt* oleo lętitię, *in Abs. 26* agendo *statt* in agendo *etc.*

73) *Vgl.* SCHRAMM, *Ordines-Studien II S. 20–22;* JACKSON, *Ordines coronationis Franciae Nr. XV S. 168–200.*

74) *So geht Abs. 17 letztlich auf den Ordo der Judith (*JACKSON, *Ordines coronationis Franciae Nr. V, 7) zurück, Abs. 18 auf den Ordo Karls des Kahlen (ebd. Nr. VII, 18), Abs. 30 auf den Ordo Ludwigs des Stammlers (ebd. Nr. VIII, 16), die Abs. 13, 14, 25, 31 auf den Erdmann-Ordo (ebd. Nr. XIII, 2, 3, 9, 12) usw. – Vgl. dazu jeweils die Register bei* ELZE, *Ordines coronationis imperialis und* JACKSON, *Ordines coronationis Franciae.*

75) *Vgl.* MURATORI, *Anecdota 2 S. 327 (vgl. auch die folgende Anm.). Zur Sache* ELZE, *Königskrönung in Mailand S. 179.*

sibi subditorum sceptra non deserat *(Abs. 20)*[76]. *Er bezieht sich damit auf die frühmittelalterlichen Könige der Angelsachsen, deren Reiche damals aber schon längst untergegangen waren*[77]. *Noch erstaunlicher wird die Passage, wenn der Mailänder Verfasser direkt davor von der Verwaltung des* regimen Italicorum *durch den aktuell zu krönenden Herrscher spricht.*

Zu den Besonderheit gehört auch die Tatsache, dass zwei Formeln von der indirekten Rede in die direkte umformuliert werden: die Befragung des Königs Vultis sanctas Dei ecclesias et rectores earum *etc. (Abs. 11) und dessen Antwort* Profiteor in quantum divino fultus adiutorio *etc. (Abs. 12).*

Zwischen den Gebeten, Benediktionen, Übergabe-Formeln usw. werden immer wieder Gesänge vorgeschrieben und gegebenenfalls von Ordo zu Ordo weitergereicht. Solche von der Tradition gestützte Texte (hier: ohne Noten) finden sich auch in den Ordines von 1311[78].

Auffällig ist aber nun, dass die genannten Mailänder Vorschriften darüber hinaus zahlreiche weitere Gesänge enthalten, die nicht durch frühere Krönungsordines abgedeckt sind. So werden allein für die Prozession des Königs zur Kirche Sant'Ambrogio zehn Antiphonen vorgesehen (Abs. 5)[79] *– und weitere folgen beim Einzug sowie nach dem Kyrie und Gloria usw. (Abs. 7 und 9). Wie zu erwarten zitieren diese Texte oft wörtlich Verse aus dem Alten Testament oder sind doch zumindest frei an solche angelehnt*[80].

---

76) *MURATORI, Anecdota 2 S. 332 behilft sich damit, dass er nur* Saxonum *druckt, anstelle der beiden folgenden Königreiche aber Punkte setzt; die Ausgabe von PERTZ, Coronatio Mediolanensis S. 506, übernimmt diesen Eingriff.*

77) *Dieselbe Formel wird auch schon im Ratold-Ordo (JACKSON, Ordines coronationis Franciae Nr. XV, 9) sowie im Ordo von Arras (ebd. Nr. XVI, 18) vorgeschrieben.*

78) *In Abs. 4 der Versikel* Israel, si me audieris *(Ps. 113, 4) und in Abs. 21 die Antiphon* Unxerunt Salomonem Sadoch sacerdos *(vgl. 3. Reg. 1, 45).*

79) *Die Gesänge werden in den Mailänder Ordines auch als* psallentia *oder* psallenda, *das heißt als Prozessionsgesänge bezeichnet, vgl. MAGISTRETTI, Pontificale S. 123 Anm. 5; zu den Formen vgl. auch Jan F. NIERMEYER / Co VAN DE KIEFT, Lexicon minus (2002) S. 1132. Im „Ordo von 1431" ist das fragliche Wort jeweils ausgeschrieben; dort heißt es:* interserendo etiam antiphonas et psalentium dominicarum *(MO IV, 3);* sequitur antiphona seu psalenda *(IV, 4) und* cum iis psalentiis ... procedatur *(IV, 14). In den früheren Ordines – nämlich in MO II, 5; III, 3 und III, 7 – wird es mit* psall. *abgekürzt; die Ergänzungen sind daher hypothetisch.*

80) *So folgt in Abs. 5 die Antiphon Nr. 1* Benedices coronam *Ps. 64, 12 (und der Versikel* Te decet hymnus *Ps. 64, 2); Nr. 2* Beatus homo *Ps. 93, 12; Nr. 3* Iocundus homo *Ps. 111, 5; Nr. 4* In via peccatorum *Ps. 1, 1f.; Nr. 5* Erit iustus tamquam *siehe unten; Nr. 6* Desiderabiliora sunt *Ps. 18, 11; Nr. 7* Et si coram hominibus *Sap. 3, 4–6; Nr. 8* Dicit dominus *Isai. 66, 1–2; Nr. 9* Sicut fui cum Moyse *Iosue 1, 5–6; Nr. 10* Ecce mitto angelum meum *Exod. 23, 20–21. – Außerdem in Abs. 4 die Antiphon* Dirumpam vincula *Ps. 2, 3 bzw. Ier 30, 8 (sonst für das Fest De Machabeis), in Abs. 7* In virtute tua domine *Ps. 20, 2–3 (für das Fest ‚pro uno martyre'), in Abs. 9* Exaltent eum in ecclesia *Ps. 106, 32 (sonst für Petri Stuhlfeier) und in Abs. 21* Dilexisti iustitiam *Ps. 44, 8. – Die Mailänder Antiphonen sind längst ein eigenes Forschungsfeld; zur handschriftlichen Grundlage vgl. BAROFFIO, Iter Ambrosianum S. 585–588.*

In wenigstens zwei Fällen scheinen auch Gesänge aus dem Manuale Ambrosianum zu stammen. So entspricht die Antiphon Erit iustus tamquam *einem Gesang in der Liturgie für Bekenner, die Antiphon* Dicit dominus: ,Super quem requiescam' *einem Responsorium am Festtag des Apostels Andreas*[81]. *Die Bezüge zur Mailänder Liturgie werden hier also besonders offensichtlich.*

Bei einer Formel greift der Mailänder Text allerdings nicht auf den „Ordo von Arras" zurück, sondern direkt auf dessen Vorlage, den „Ratold-Ordo", und zwar so wie er in zwei Pariser Handschriften (bei Jackson mit den Siglen A und P bezeichnet) bezeugt ist[82]. *Es handelt sich um die Präfation* Eterne deus, qui es auctor totius bonitatis *(Abs. 57), die dort allerdings mit den Worten* Vere dignum, eterne deus, qui es fons inmarcessibilis lucis et origo perpetuae bonitatis *beginnt (und danach wörtlich übereinstimmt)*[83]. *Dieselbe Präfation steht auch in Schramms angelsächsischem „Ordo F", einem „Ordo, hergerichtet für die Krönung des Königs Edgar von England durch den Hl. Dunstan" am 11. Mai 973*[84]. *Im Übrigen folgt sie der* Praefatio in missa votiva pro rege *im Sacramentarium Gregorianum und damit einer sehr alten liturgischen Quelle*[85].

Sieht man von den durch Vorbilder im „Ordo von Arras" (sowie dem „Ratold-Ordo") abgedeckten Abschnitten und von den Gesängen ab, so bleiben noch zwei Abschnitte resp. Formeln übrig, deren Quellen bislang unbekannt sind: die Übergabeformel Accipe pomum aureum *(Abs. 39) sowie die ,Oratio super syndonem'* Omnipotens sempiterne deus, qui de plebe tua *(Abs. 55).*

Schließlich sei noch auf einen anderen negativen Befund hingewiesen: Die Ordines von 1311 stehen in keiner direkten Beziehung zu den Lombardischen Ordines aus dem 11. (oder 12.) Jahrhundert[86]. *Man muss also von einem Neuansatz anlässlich der königlichen Italienzüge des späten Mittelalters ausgehen.*

---

81) *Vgl. Manuale Ambrosianum 2, hg. von* MAGISTRETTI *S. 13 und 394.*

82) *Der Ratold-Ordo ist sehr heterogen überliefert. Die Sigle A steht für Paris, Bibl. Nat., Cod. lat. 12052 (Sakramentar des Ratold), die Sigle P für Paris, Bibl. Nat., Cod. lat. 17335 (Pontifikale von Noyon).*

83) *Vgl.* JACKSON, *Ordines coronationis Franciae Nr. XV, 59 (Ratold-Ordo).*

84) *Vgl. Ordo F, hg. von* SCHRAMM, *Krönung bei den Westfranken und Angelsachsen S. 221–230, hier Abs. 32 (S. 230).*

85) *Vgl. Le sacramentaire Grégorien. Ses principales formes d'après les plus ancien manuscrits 1, hg. von Jean* DESHUSSES *(Spicilegium Friburgense 16, 1992) S. 568.*

86) *Das fällt umso mehr auf, als es mit Hinblick auf die Formeln nicht wenige Übereinstimmungen gibt. Vgl. etwa I, 2 mit II, 17; I, 3 mit II, 19; I, 6 mit II, 28; I, 7 mit II, 32; I, 8 mit II, 26; I, 9 mit II, 24; I, 10 mit II, 38; I, 11 mit II, 35; I, 16 mit II, 29; I, 1* mit II, 43; I, 2* mit II, 45; I, 3* mit II, 47 und I, 4* mit II, 51. Die unterschiedlichen Traditionen lassen sich besonders gut in I, 1* und II, 43 nachvollziehen. Vgl. auch schon* ELZE, *Königskrönung in Mailand S. 179.*

i) Ambrosianisches

Zunächst einmal steht fest, dass die Ordines von 1311 speziell für die Mailänder Verhältnisse angefertigt wurden. Der König wird zu Beginn in einem Palast abgeholt (Abs. 1–2), bei dem es sich um den Palazzo del Broletto Vecchio (heute Palazzo Reale) gehandelt haben dürfte[87]. *Von dort geht es nicht etwa in den nahegelegenen Dom, sondern zur Kirche Sant'Ambrogio (Abs. 5), wo dann die eigentliche Krönung stattfindet (Abs. 6: bei der Tür; ab Abs. 7: in der Kirche)*[88].

In der Litanei, die in Abs. 16 ausführlich wiedergegeben wird, werden auch mehrfach Mailänder Heilige angerufen, so etwa Nazarius, Celsus, Protasius, Gervasius, Marcellina und natürlich Ambrosius[89]. *Den Abschluss bildet ein dreifaches* Kyrie eleison, *wie es für die Ambrosianische Liturgie typisch ist; außerhalb ihres Einflussbereichs hätte man mit einem alternierenden* Christe eleison *an der zweiten Position rechnen müssen.*

Ein sicherer Hinweis auf den Mailänder Ritus ist schließlich die sogenannte Oratio super syndonem *(Abs. 55):* Omnipotens sempiterne deus, qui de plebe tua. *Sie wird im Allgemeinen vor der Gabenbereitung (Abs. 56) gesprochen – und das gilt selbstverständlich auch hier*[90].

j) Zur Textpräsentation

Die Pariser Handschrift lässt interessanterweise erkennen, wie sich ein (anonymer) Schreiber in seinen Text hineinarbeitet. Denn im ersten Abschnitt finden sich nicht weniger als drei Formen, die der italienischen Umgangssprache geschuldet sind: piuvialem *statt* pluvialem *und zweimal* primicirius *statt* primicerius. *Im zweiten Abschnitt werden zu Beginn* vegloni et veglone *genannt, um die Alten männlichen und weiblichen Geschlechts zu bezeichnen – auch das sind keine lateinischen Formen (wahrscheinlich – wie it.* vecchio *– abgeleitet von lat.* vetulus*)*[91].

---

87) *Vgl.* BOMBELLI, *Corona ferrea S. 219.*

88) *Zu dieser Kirche und ihrer Geschichte vgl. La basilica di S. Ambrogio. Il tempio ininterrotto, 2 Bde., hg. von Maria Luisa* GATTI PERER *(1995).*

89) *Zu den Heiligen in Mailänder Litaneien vgl. etwa das Manuale Ambrosianum 2, hg. von* MAGISTRETTI *S. 47–50.*

90) *Vgl. etwa* LEJAY, *Ambrosien Sp. 1406;* BORELLA, *Rito ambrosiano S. 164f. – Unter* sindo *versteht man ein Altartuch, genauer: das Korporale. Weil das Corpus Domini darauf gelegt wird, kann es auch als Leichentuch bezeichnet werden, vgl. dazu Joseph* BRAUN, *Die liturgischen Paramente in Gegenwart und Vergangenheit. Ein Handbuch der Paramentik (²1924) S. 205–209.*

91) *Vgl. zu diesen zehn männlichen und zehn weiblichen Laien* LEJAY, *Ambrosien Sp. 1405 mit Anm. 4.*

Im weiteren Verlauf der Ordines folgen dann aber keine auffälligen Italianismen mehr.

Ansonsten weist die Handschrift viele Eigentümlichkeiten auf, die im mittelalterlichen Latein durchaus üblich sind. Der Text enthält allerdings auch unlösbare Schwierigkeiten. So ist im Gebet Omnipotens sempiterne deus, fons et origo totius bonitatis *davon die Rede,* ut umbratione muniminis *(Abs. 42), eine Wendung, die nicht viel Sinn ergibt. Allerdings war die Passage bereits in der Vorlage (dem „Ordo von Arras") zum Teil verderbt: In der Bamberger Handschrift, der der Mailänder Ordo zu folgen scheint, heißt es* vim bone, *im Kölner Kodex dagegen richtig* umbone[92].

III. Die Ordines von Sant'Ambrogio

Neben der Mailänder Kirche Sant'Ambrogio haben sich zwei geistliche Gemeinschaften angesiedelt: Mönche und Kanoniker. Noch heute heißt daher der südliche Turm „Campanile dei monaci", der nördliche „Campanile dei canonici"[93]. *Während jedoch die Bibliothek der Mönche in alle Winde zerstreut wurde, hat sich die Bibliothek der Kanoniker bis heute an ihrer ursprünglichen Stelle erhalten; seit dem Jahr 2014 ist sie einer größeren Öffentlichkeit zugänglich*[94].

In ihren Beständen – und damit unmittelbar am Ort des Geschehens – finden sich zwei Handschriften mit Krönungsvorschriften für Mailand: die Pergament-Kodizes mit den Signaturen M5 und M6. Es ist offenkundig, dass beide Texte sehr eng zusammengehören, aber dennoch nicht identisch sind. Man kann sie am besten als Lang- (Nr. III) und als Kurzfassung (Nr. III A) derselben Ordines bzw. desselben Ordo bezeichnen; sie werden im Folgenden separat ediert[95].

---

92) *Vgl.* *Jackson, Ordines coronationis Franciae Nr. XVI, 51.*

93) *Vgl. Annamaria Ambrosioni, Monaci e canonici all'ombra delle due torri, in: Milano, papato e imperio in età medievale. Raccolta di studi, hg. von Maria Pia Alberzoni / Alfredo Lucioni (Biblioteca erudita. Studi e documenti di storia e filologia 21, 2003) S. 245–262 (zuerst 1995) sowie viele weitere Beiträge der Autorin im selben Band.*

94) *Vgl. Marco Petoletti / Miriam Rita Tessera, L'Archivio Capitolare di Sant'Ambrogio, in: Biblioteche oggi (Juli/August 2014) S. 38–40.*

95) *Aufgrund dieser Nähe – benachbarte Signaturen im selben Archiv – werden die beiden Handschriften auch immer wieder verwechselt. Vgl. zu ihnen allgemein Kroener, Wahl und Krönung S. 163–171; Eichmann, Geschichte des Krönungsritus S. 528–530; Elze, Königskrönung in Mailand S. 179f.*

a) Langfassung: die Handschrift

M_2 ***Mailand, Archivio Capitolare di Sant'Ambrogio, Cod. M5***[96]

Die Langfassung der „Ordines von Sant'Ambrogio" ist in einer einzigen Handschrift des Kapitelarchivs von Sant'Ambrogio überliefert. Dieser enge Bezug zu der Mailänder Krönungskirche war auch für die Namensgebung entscheidend[97].

Pergamentkodex; 13 Blätter; Größe: 360 x 250 mm; Schriftfeld: 250 x 160 mm; elegante Schrift des 15. Jahrhunderts; 21 Zeilen pro Seite; durchgängig Rubriken; 31 aufwändige Initialen (Schrift mit Blattgold vor roten, blauen und grünen Feldern).

Der Kodex ist in einer eleganten Schrift und sehr sorgfältig geschrieben; Korrekturen waren daher nur sehr selten erforderlich[98]*. Besonders auffällig sind die leuchtenden Initialen, mit denen die Anfänge der Formeln hervorgehoben werden: Die Schrift selbst ist in Gold ausgeführt; sie hebt sich deutlich von den roten, blauen und grünen Feldern mit Ranken und anderen Mustern ab.*

Über den Auftraggeber der sehr repräsentativen, wenn auch recht schmalen Handschrift ist nichts bekannt. Angesichts der Tatsache, dass die Kanoniker von Sant'Ambrogio eine nicht unerhebliche Rolle in diesem Text spielen – man vergleiche etwa Abs. 34 – sowie der Überlieferung in ihrem Archiv, spricht vieles dafür, dass diese Gemeinschaft auch den Auftrag erteilt hat.

b) Editionen

Die Ordines von Sant'Ambrogio wurden bereits zweimal ediert und zwar kurz hintereinander:

Ordo ad coronandos regem et reginam Italiae, hg. von Marco MAGISTRETTI*, Pontificale in usum ecclesiae Mediolanensis necnon ordines Ambrosiani ex codicibus saecc. IX–XV (Monumenta veteris liturgiae Ambrosianae 1, 1897) S. 121–134;*

Krönungsordo aus dem Kapitelarchiv zu St. Ambrosius in Mailand, hg. von August KROENER*, Die Wahl und Krönung der deutschen Kaiser und Könige in Italien (Lombardei) (1901) S. 178–188.*

---

96) *Die Sigle „M" steht für „Manoscritti membranacei", von denen das Archiv 55 Stück aufbewahrt.*

97) *Ein gedruckter Katalog existiert nicht. Vgl. zum Folgenden* MAGISTRETTI*, Pontificale S. 121 Anm. *. Magistretti gibt die Maße versehentlich mit 360 x 150 mm an.*

98) *Am Ende der Zeilen steht oft eine einzelne Haste, die durchgestrichen ist. Diese Hasten sind allerdings viel zu häufig, um zufällig in die Handschrift gekommen zu sein. – Auf fol. 3r sind mehrere Worte durch Rasur getilgt.*

Die erste kritische Ausgabe des Textes stammt von Marco Magistretti und steht im Anhang zu der bereits weiter oben erwähnten Ausgabe des Mailänder Pontifikale aus dem Hochmittelalter[99]. Ihr folgte nur vier Jahre später eine zweite von August Kroener als Annex zu seiner 1901 erschienenen Freiburger Dissertation, allerdings ohne Kenntnis der Edition von Magistretti. Die Abschrift aus dem Kodex M5 hatte ihm der Monumentist Jakob Schwalm zur Verfügung gestellt[100].

Während Kroener lediglich einen geringfügig verbesserten Text bietet, druckt Magistretti auch die Varianten der zweiten Handschrift des Archivs von Sant'Ambrogio mit ab. Außerdem bemüht er sich, die Quellen der einzelnen Gebete usw. zu identifizieren – darauf wird noch zurückzukommen sein.

c) Datierung

Die Frage der Datierung wurde auch in diesem Falle kontrovers diskutiert. Am offensten ist dabei der Ansatz von Marco Magistretti, der die Handschrift lediglich ins 15. Jahrhundert setzt, ohne eine weitere Präzisierung vorzunehmen[101].

August Kröner vertritt dagegen die Ansicht, dass die Ordines aus Anlass des Romzugs König Sigismunds im Jahre 1431 entstanden seien[102]. Eduard Eichmann widerspricht ihm allerdings; seiner Meinung nach sind die Vorschriften in den Kontext des geplanten Romzugs des Wittelsbachers Ruprecht von 1401 einzuordnen; der König hatte zwar im September/Oktober diesen Jahres die Alpen überschritten, war aber weder nach Mailand, geschweige denn nach Rom gekommen[103]. Reinhard Elze schließlich macht keine direkten Angaben zu dieser Frage; er stellt lediglich fest, dass die „Ordines von Sant' Ambrogio" vor den „Ordines von 1431" entstanden sein müssen, wahrscheinlich schon vor dem Italienzug des Königs[104].

---

99) Im Anschluss an die Lombardischen Ordines.

100) Vgl. KROENER, Wahl und Krönung S. 163 Anm. 5 und S. 178 Anm. 1.

101) So schon in der Überschrift zu seiner Edition: „ex cod. Basil. Ambros. saec. XV".

102) Vgl. KROENER, Wahl und Krönung S. 163–168.

103) Vgl. EICHMANN, Geschichte des Krönungsritus S. 529 f. – Zu den Ereignissen vgl. monographisch Alfred WINKELMANN, Der Romzug Ruprechts von der Pfalz (1892).

104) Vgl. ELZE, Königskrönung in Mailand S. 179 und 181. Er schreibt dort: „Für den Ordo von S. Ambrogio ist ebenfalls die Datierung zu 1431 vorgeschlagen worden (...); da er dem Verfasser von 1431 vorlag, müsste er mindestens ein paar Tage älter sein als dieser, vielleicht aber doch eine Reihe von Jahren ..." (Anm. 36).

d) Zahl der Ordines

Auf der ersten Seite des Kodex stehen die Worte Ordo ad coronandos Regem vel Reginam Italiae *(1r). Allerdings stammt die Schrift aus einer sehr viel späteren Zeit, vermutlich aus dem 18. Jahrhundert*[105]*. Dennoch trifft diese Charakterisierung weitgehend zu. Wozu die ersten beiden Seiten freigehalten wurden, bleibt jedoch unklar*[106]*.*

Erstaunlich ist jedoch, dass die erste Überschrift, Ordo ad consecrandum regem *oder dergleichen, fehlt. Das ist umso bedauerlicher, als nicht nur der Beginn des Textes in Frage kommt. Die Kurzfassung (s. unten) macht einen entsprechenden Vermerk erst nach dem vierten Abschnitt und bezieht den Ausdruck „Krönungsordo" damit nur auf den Krönungstag selbst.*

Jedenfalls enden diese Vorschriften für den König auf fol. 10r. Dort setzt nämlich der Ordo ad benedicendum reginam *ein, der bis zum Ende des Textes reicht und damit verhältnismäßig umfangreich ist. Bereits zum dritten Mal treten die Mailänder Ordines also in der für sie typischen Form für König und Königin auf. Wie bei den Lombardischen Ordines stehen die Vorschriften für die Königin wieder am Ende der Zusammenstellung.*

e) Handschriftengattung

Der Mailänder Kodex M5 ist ein weiteres Beispiel für das, was Reinhard Elze ein Krönungsbuch genannt hat. Die Handschrift umfasst ausschließlich die beiden Ordines, behandelt also die Krönung zum lombardischen bzw. italienischen König monographisch. Sie ist gleichsam der Gegenentwurf zum Pontifikale, in dem eine Fülle von Ritualen, die den Bischof bzw. Erzbischof betreffen, vereinigt sind.

Wer hat solche Bücher in Auftrag gegeben? Diese Frage ist sicherlich nicht ohne Weiteres zu beantworten, zumal ja die einschlägigen Zeugnisse noch nicht systematisch zusammengestellt sind. Die beiden bisher behandelten Exemplare zeigen aber immerhin, dass diese libri *auf Seiten der Krönenden und ihrem Umfeld und nicht des zu krönenden Königs (also: in Italien) in Auftrag gegeben wurden.*

Was verbanden die Auftraggeber mit solchen Büchern? Worin bestand ihr konkreter Zweck? Auch dies lässt sich mangels direkter Zeugnisse nicht einfach lösen. Auffällig ist aber die Tatsache, dass diese Krönungsbücher – und ganz besonders der Kodex M5 – einen stark repräsentativen Charakter hatten; allein der

105) *Vgl.* ELZE, *Königskrönung in Mailand S. 179 Anm. 28.*

106) *Man würde etwa eine Überschrift erwarten (siehe unten). Allerdings wäre dafür eine ganze Seite (oder sogar zwei) wohl zu viel.*

Schmuck mit Initialen spricht hier Bände. Wie es scheint, gereichte die Krönung vielen Personen, nicht nur dem zu krönenden Herrscher zu Ruhm und Ehre.

f) Vorlagen

Die wichtigste Vorlage für die „Ordines von Sant'Ambrogio" sind die „Ordines von 1311". Dutzende Passagen wurden wörtlich übernommen, ganz besonders die Vorschriften für die Krönung der Königin lassen sich fast vollständig davon ableiten. Anderslautende Behauptungen von August Kroener sind schlicht unzutreffend[107].

Die Abhängigkeiten von den älteren Ordines lassen sich wie folgt darstellen:

Einholung	
Abs. 1–4)	–
Krönung des Königs	
Abs. 5)	MO II, 1
Abs. 6)	MO II, 2
Abs. 7)	MO II, 4
Abs. 8)	–
Abs. 9)	MO II, 5
Abs. 10)	(Kaiserordines)
Abs. 11)	MO II, 9
Abs. 12)	MO II, 10
Abs. 13)	MO II, 11
Abs. 14)	MO II, 12
Abs. 15)	–
Abs. 16)	MO II, 9
Abs. 17)	–
Abs. 18)	(Kaiserordines)
Abs. 19)	–
Abs. 20)	MO II, 21
Abs. 21)	(Kaiserordines)[108]
Abs. 22)	MO II, 23
Abs. 23)	MO II, 24
Abs. 24)	MO II, 26
Abs. 25)	MO II, 28
Abs. 26)	MO II, 30

107) Vgl. Kroener, Wahl und Krönung S. 169.
108) Vgl. aber auch MO II, 25.

Abs. 27)	*MO II, 35*
Abs. 28)	*MO II, 33*
Abs. 29)	*MO II, 34*
Abs. 30)	*MO II, 41*
Abs. 31)	-
Abs. 32)	-
Abs. 33)	*MO II, 55*
Abs. 34)	-
Abs. 35–40)	-
Abs. 41)	*MO II, 61*
Abs. 42)	-
Abs. 43)	-

Krönung der Königin

Abs. 1)*	*MO II, 42*
Abs. 2)*	*MO II, 43*
Abs. 3)*	*MO II, 44*
Abs. 4)*	*MO II, 45*
Abs. 5)*	*MO II, 46*
Abs. 6)*	*MO II, 47*
Abs. 7)*	*MO II, 48*
Abs. 8)*	*MO II, 49*
Abs. 9)*	*MO II, 50*
Abs. 10)*	*MO II, 51*
Abs. 11)*	*MO II, 52*

Die Abhängigkeit, die sowohl Formeln als auch Rubriken betrifft, erklärt selbstverständlich nicht den gesamten Bestand[109]*. Schon die ersten vier Abschnitte kommen neu hinzu; sie thematisieren den „Adventus regis" in Mailand, der unter Umständen Tage vor der Krönung liegen konnte. Damit vollziehen sie Entwicklungen nach, die die Kaiserkrönungsordines schon wesentlich früher in ähnlicher Weise durchlaufen hatten: Auch sie waren immer weiter „nach vorne" verlängert worden*[110]*.*

Im weiteren Verlauf wechseln sich die Passagen mit und ohne Vorlagen mehrfach ab, sodass man von einer sehr bewussten Auswahl sprechen kann. Abgesehen von den Rubriken, die oft neu formuliert sind (Abs. 8, 15, 19, 31 etc.), gibt es

109) *Sogar eine Randglosse aus MO II, 11 wurde in III, 13 (*canonice *bis* viventes*) in den Haupttext übernommen.*

110) *Sie beginnen mit dem Abstieg des Herrschers vom* Mons Gaudii*, zuerst im „Ordo Cencius II" aus dem 12. Jahrhundert (*Elze*, Ordines coronationis imperialis S. 35–47 [Nr. XIV], hier noch am Ende angehängt).*

auch für etliche Formeln keine Vorlage in den früheren Mailänder Ordines (Abs. 10, 17, 18, 36, 38 usw.). Sie stehen allerdings dennoch meist in einer älteren Tradition. So kommen zum Beispiel die Gebete Deus, in cuius manu corda sunt regum *(Abs. 10),* Deus regnorum omnium salvator *(Abs. 18) und* Domine, deus omnipotens, cuius est omnis potestas et dignitas *(Abs. 21) regelmäßig in den Kaiserkrönungsordines vor und gehören somit geradezu zum Standardrepertoire des mittelalterlichen Herrscherzeremoniells*[111].

Ein ähnliches Bild ergibt sich, wenn man die Gesänge in den Blick nimmt. Neu sind natürlich die Antiphone, die bei der Einholung des Herrschers gesungen werden (Abs. 2–4), darunter gleich zu Beginn die berühmte Adventus-Antiphon Benedictus, qui venit in nomine domini *(Ps. 117, 26). In den folgenden Abschnitten werden Gesänge wiederholt, die auch schon in den Ordines von 1311 standen*[112]. *Unklar ist allerdings, weshalb die zehn Antiphonen in Abs. 7 auf acht reduziert werden; nur eine neunte ist in Abs. 9 nachgetragen, eine ebenfalls berühmte Adventus-Antiphon:* Ecce mitto angelum meum *(Exod. 23, 20–21)*[113].

Ohne direkte Vorlage in den Krönungsvorschriften bleiben die Gebete Deus, qui discipulis tuis Spiritum sanctum paraclitum in ignis fervore *(Abs. 17),* Presta, quesumus, omnipotens deus, ut qui tue maiestatis *(Abs. 32),* Presta, quesumus, omnipotens deus, ut secundum promissionem filii tui *(Abs. 36) und* Munera, domine, quesumus, oblata sanctifica *(Abs. 37). Auch sie beruhen auf bereits bestehenden Texten, zum Teil sogar ambrosianischen Ursprungs.*

Eine besondere Stellung nimmt die Präfation Eterne deus per Christum dominum nostrum, per quem te supplices rogamus et petimus *(Abs. 38) ein. Sie geht zurück auf ein Gebet des Sacramentarium Leonianum (oder Sacramentarium Veronense) aus dem 7. Jahrhundert*[114] *und ergänzt es um drei für Präfationen typische Anfangsformeln:* Vere dignum *(oft nur abgekürzt),* Eterne deus *und* Per

---

111) *Vgl. das Initienregister zur kritischen Ausgabe von* ELZE, *Ordines coronationis imperialis S. 188f., mit jeweils rund zwei Dutzend Belegen. Besonders interessant ist das letzte der genannten Gebete:* Domine, deus omnipotens, cuius est omnis potestas et dignitas *(Abs. 21). Obwohl nämlich eine kürzere Fassung auch schon in den Ordines von 1311 (vgl. Abs. 25) steht, entschied sich der Verfasser offenbar bewußt für die längere Version.*

112) *Vgl. Abs. 7, 8, 11 und 20.*

113) *Vgl. zu diesen beiden Ernst H.* KANTOROWICZ, *Des „Königs Ankunft" und die rätselhaften Bildtafeln in den Türen von Santa Sabina, in: Götter in Uniform. Studien zur Entwicklung des abendländischen Königtums, hg. von Eckhart* GRÜNEWALD */ Ulrich* RAULFF *(1998) S. 91–147 (zuerst engl. 1944).*

114) *Vgl. Sacramentarium Veronense (Cod. Bibl. Capit. Veron. LXXXV [80]), hg. von Leo Cunibert* MOHLBERG */ Petrus* SIFFRIN */ Leo* EIZENHÖFER *(Rerum ecclesiasticarum documenta, Series maior: Fontes 1, 1978) S. 28 (*Contra inpetitores*). Dort beginnt das Gebet mit den Worten:* Uere dignum: clementiam tuam suppliciter exorantes, ut sicut nobis aeternae securitatis aditum ... *(und von da an übereinstimmend mit dem Ordo).*

Christum dominum nostrum; *allerdings werden die beiden zuletzt genannten meist alternativ gebraucht und nicht gemeinsam wie in diesem Falle*[115].

g) Wo wird die Königin gesalbt?

Ein nicht unerhebliches textkritisches Problem wirft die Frage auf, wo die Königin gesalbt werden soll. Im vorliegenden Ordo heißt es nämlich: super scapulas capitis eius fondat dominus archiepiscopus oleum sanctum *etc. (Abs. 5*). Die Stelle kann man nicht übersetzen,* scapulae capitis *ergibt keinen nachvollziebaren Sinn*[116]*. Es lässt sich allerdings ihre mutmaßliche Entstehung erklären.*

In den Mailänder Ordines von 1311 lautet nämlich die Formulierung an der entsprecheden Stelle: super scapulas eius fundat dominus archiepiscopus oleum sanctum *(Abs. 46) – ein Absatz, der als Vorlage der „Ordines von Sant'Ambrogio" betrachtet werden kann. In der Vorlage dieser Vorlage, dem „Ordo von Arras", steht dagegen:* super caput eius fundat metropolitanus oleum sanctum *(Abs. 54, Hs. B).*

Der Abschnitt 5 ist also ein sehr starkes Indiz dafür, dass dem Verfasser der „Ordines von Sant'Ambrogio" mehr als nur eine Vorlage zur Verfügung stand. Die Kombination aus der einen und aus der anderen Tradition vermag hier allerdings nicht zu überzeugen.*

h) Drei Mailänder Symbole

Zuletzt ist noch darauf hinzuweisen, dass in den „Ordines von Sant'Ambrogio" drei Gegenstände erwähnt werden, die man mit Fug und Recht als besondere Mailänder Symbole bezeichnen kann. Sie sind aus Eisen, aus Marmor und aus Gold.

An erster Stelle ist die Eiserne Krone zu erwähnen. Wie gleich im ersten Abschnitt zu lesen ist, kommt der Herrscher nach Mailand, um dort diese Insignie zu empfangen: pervenit in Italiam ad accipiendum coronam ferream in civitate Mediolani. *Es ist der erste Beleg für diese Krone überhaupt in einem mittelalterlichen Krönungsordo. Worum handelt es sich dabei? Zunächst einmal um eine Legende, die seit dem 13. Jahrhundert bezeugt ist und die von drei (auch zwei oder vier) Kronen aus unterschiedlichen Metallen ausgeht; die eiserne wird mit Monza oder Mailand in Verbindung gebracht. Eine solche Krone hatte es aber in der Realität nie gegeben; erst für die Krönung Heinrichs VII. wurde sie eigens hergestellt*

---

115) *Vgl. etwa die Beispiele bei Basilio* RIZZI*, Il frammento di San Maurizio. Contributo all'eucologia ambrosiana dei defunti (1988).*

116) *Magistretti hat sie mit Ausrufezeichen versehen, aber keine Lösung vorgeschlagen.*

und auch von seinen Nachfolgern in den nächsten 120 Jahren verwendet. In der Zeit danach kommt die heute in Monza gezeigte sogenannte Eiserne Krone (sie enthält aber nur einen schmalen Reif aus Eisen) bei Krönungen in Gebrauch[117].

*Am Tag seiner Krönung wird der König unter Gesängen nach Sant'Ambrogio geführt. Dort erwarten ihn beim Tor zum Vorhof der Kirche der Erzbischof samt Mönchen und Klerikern. Der genaue Ort wird noch näher beschrieben: dort, wo die marmorne Säule aufrecht steht (*ubi est columpna marmorea recta*) (Abs. 8). Verständlicherweise ist es schwierig, exakt diese Säule nachzuweisen, da in der Umgebung der Kirche nicht wenige solcher Überreste aus antiken Bauten zu finden waren und sind (und die im Laufe der Zeit ggf. auch ihren Standort geändert haben). Daneben gibt es aber auch besondere Säulen, von denen heute zwei in der Basilika stehen: eine mit Kreuz und eine mit eherner Schlange (die allerdings aus Granit sind). Sie sind freilich nicht gemeint; viel eher dürfte es sich um die sagenumwobene „colonna del diavolo" außerhalb der Kirche handeln, die auch in der Chronica Danielis, bei Galvaneus Flamma und anderen eine wichtige Rolle spielt*[118].

Die Krönung selbst findet ante altare almi confessoris ac eximii doctoris beati Ambrosii *(Abs. 1) statt, womit offenbar der Hauptaltar der Kirche gemeint ist. Nach der Darbringung von Brot und Wein soll der König eine Gabe für den Schmuck dieses Altares opfern (*munus ad decorem et ornamentum dicti altaris*), dort trifft er auch mit dem Propst und den Kanonikern, die diesen Altar bewachen, zusammen (*per dominum prepositum et canonicos dicte ecclesie, qui aderunt ad custodiam predicti altaris*) (Abs. 34). Damit kann nur der Goldene Altar gemeint sein mit dem berühmten Altarvorsatz des Volvinus aus dem 9. Jahrhundert*[119]*. Die Sorge um seine Sicherheit war keineswegs weit hergeholt.*

117) *Am besten dazu* Elze, *Eiserne Krone;* ders, *Monza; außerdem die schon eingangs genannte Literatur.*

118) *Siehe dazu unten, MO VI. – Diese Säule wird immer wieder beschrieben, vgl. etwa Carlo* Romussi, *Milano ne' suoi monumenti 1 (³1912) S. 88f.; Laura* Rossi, *Schedatura cronologica delle opere, in: Memorie nel bronzo e nel marmo. Monumenti celebrativi e targhe nelle piazze e nelle vie di Milano, hg. von Michele* Petrantoni *(1997) S. 213–255, hier S. 215 (dort auch zwei historische Abbildungen). Ihre Geschichte wurde bisher aber noch nie systematisch untersucht. Sie stammt zweifellos aus der Antike und dürfte zu einem Kaiserpalast (oder einem Grabmonument?) gehört haben. Die Phantasie angeregt haben die beiden Löcher im Schaft, die als Abdrücke der Hörner des Teufels interpretiert wurden.*

119) *Vgl. dazu ausführlich L'Altare d'Oro di Sant'Ambrogio, hg. von Carlo* Capponi *(1996). – Interessanterweise wird der Goldschmied (*MAGIST[er] PHABER*)* VVOLVINIVS *auf einer Tafel des Altars vom Heiligen Ambrosius feierlich gekrönt. Gleich daneben ist eine entsprechende Krönung des Bischofs Angilbert II., des Auftraggebers, dargestellt. Zu dieser Art von Krönungen vgl. Joachim* Ott, *Krone und Krönung. Die Verheißung und Verleihung von Kronen in der Kunst von der Spätantike bis um 1200 und die geistige Auslegung der Kronen (1998) S. 80f., 249, 279.*

Wie Annamaria Ambrosioni aus den Urkunden der Kirche gezeigt hat, haben sich immer wieder Übeltäter an dem wertvollen Metall zu bereichern versucht[120].

i) Kurzfassung: die Handschrift

M₃ **Mailand, Archivio Capitolare di Sant'Ambrogio, Cod. M6, fol. 296r–298r**

Die Ordines von Sant'Ambrogio sind neben der Lang- auch noch in einer Kurzfassung überliefert. Sie steht in der wohl berühmtesten Handschrift des Mailänder Kapitelarchivs, dem sogenannten „Messale d'incoronazione" des Gian Galeazzo Visconti:

> *Pergamentkodex; 317 Blätter (hier fol. 296r–298r); Größe: 390 x 260 mm; Schriftfeld: 235 x 160 mm; Schrift des 15. Jahrhunderts; 33 Zeilen pro Seite; durchgängig Rubriken; die Initialen am Beginn des Textes („D") sowie des Ordo („V") wurden nicht ausgeführt.*

Der Kern der Handschrift besteht aus einem Wintermissale, das der Schreiber Fazio Castoldi am 24. Mai 1400 signiert hat; die kunstvollen Miniaturen stammen von Anovelo da Imbonate (fol. 8r–295r), von denen eine die Krönung des Gian Galeazzo Visconti zum Mailänder Herzog in Sant'Ambrogio 1395 zeigt (daher die Bezeichnung „Messale d'incoronazione"). In den folgenden Jahrzehnten wurden mehrere Texte ergänzt: Voraus gehen eine Genealogie der Visconti (fol. 2r–4r), ein Brief des Gregorio Azzanelli über die Herzogskrönung (4r–5r) sowie eine Messe zum Sieg von Parabiagio (6r–6v). Danach folgt der hier interessierende Ordo (296r–298r), ein Teil des Sommermissale (299r–315r) und ein Privileg König Sigismunds, das er anlässlich seiner Krönung in Mailand den Klerikern von Sant'Ambrogio gewährt hat (fol. 316r–317r)[121].

Dieser zuletzt genannte Text, der im Kapitelarchiv von Sant'Ambrogio auch im Original aufbewahrt wird, gibt bereits einen Hinweis auf das Datum der Nachträge: Sie scheinen im Nachgang zu der Krönung Kaiser Sigismunds am 25. November 1431 zusammengestellt worden zu sein, beginnend mit dem Ordo coronationis in der gekürzten Fassung[122]. *Dass dieser Ordo damals neu war, bedeutet das natürlich nicht unbedingt.*

---

120) *Vgl. Annamaria* AMBROSIONI, *L'altare d'oro e le due comunità santambrosiane, in: Milano, papato e imperio in età medievale. Raccolta di studi, hg. von Maria Pia* ALBERZONI */ Alfredo* LUCIONI *(Biblioteca erudita. Studi e documenti di storia e filologia 21, 2003) S. 263–279, hier S. 276–279 (zuerst 1996).*

121) *Vgl. dazu* MAGISTRETTI, *Pontificale S. 122 Anm. *), vor allem aber – und zwar monographisch –* PETOLETTI, *Messale.*

122) *Vgl.* PETOLETTI, *Messale S. 636 und 663 f. (mit Edition). – Über Sigismunds Italienzug und speziell sein Verhältnis zu Mailand vgl. zuletzt Jörg K.* HOENSCH, *Kaiser Sigismund. Herrscher an der Schwelle zur Neuzeit 1368–1437 (1996) S. 371–399; Veronika* PROSKE, *Der Romzug Kaiser*

Der Text der Handschrift M6, der bisher nur von Marco Magistretti (in den Anmerkungen) mitberücksichtigt worden ist[123]*, enthält einige Überraschungen. Zunächst einmal reicht er lediglich bis zum 34. Abs. der Langfassung, in dem Propst und Kanoniker von Sant'Ambrogio prominent erwähnt werden. Danach folgen nur noch drei kurze Abschnitte, die den erzbischöflichen Segen, das Geleit des Königs in seinen Palast und (offensichtlich als Nachtrag) den Ort der Predigt in der Messe – vor der Eucharistie – zum Gegenstand haben.*

Aus diesem Grund fehlen auch alle Vorschriften für die Königin; es handelt sich – zum ersten Mal in der Mailänder Tradition – um einen Ordo ausschließlich für den König. Die einzige Überschrift lautet daher auch unzweideutig Incipit ordo ad consecrandum regem. *Sie steht allerdings nicht am Beginn des Textes, sondern erst nach den ersten vier Abschnitten. Diese werden dadurch als eine Art Vorspann aufgefasst; der Ordo selbst beginnt erst am Krönungstag (*in die consecrationis*).*

Die Fassung von M3 stimmt mit dem Wortlaut von M2 weitgehend überein. Allerdings entfallen die Orationes super populum *in Abs. 17–18 sowie die* Orationes super syndonem *in Abs. 32–33. Stattdessen gibt es eine eigenständige Zusammenfassung (Abs. 17) und einen neu formulierten Schluss (Abs. 34).*

j) Zur Textpräsentation

Die Kurz- und die Langfassung der Ordines von Sant'Ambrogio werden hier getrennt ediert: die Langfassung in ausführlicher, die Kurzfassung in abgekürzter Form. Die Varianten der Fassung von M3 – es handelt sich nur um eine kleine Zahl – sind jeweils abschnittsweise in den Anmerkungen angeführt.

IV. Der Ordo von 1431

Ein weiterer Krönungsordo ist in der Mailänder Biblioteca Ambrosiana überliefert, die sich seit einiger Zeit selbstbewusst „Veneranda" nennt. Er wurde als letzter Ordo 1994 ediert, obwohl er schon weit mehr als hundert Jahre bekannt ist.

Sigismunds (1431–1433). Politische Kommunikation, Herrschaftsrepräsentation und -rezeption (Forschungen zur Kaiser- und Papstgeschichte des Mittelalters 44, 2018) S. 19–25, 118–123 und 175–178.

123) *Vor allem im Anmerkungsapparat zu seiner Edition von M5.*

a) Handschrift

M_4 ***Mailand, Biblioteca Ambrosiana, Cod. I 114 inf., fol. 21r–23v***

Bei der einzigen Handschrift handelt es sich um den Cod. I 114 inf. der Biblioteca Ambrosiana[124] *und genauer um die fol. 21r–23v:*

> *Papierkodex; Schrift des 15. Jahrhunderts; 29 Blätter; Größe: 290 x 215 mm; Schriftspiegel: 195 x 155; 39 oder 40 Zeilen pro Seite; keine Rubriken; Initialen geplant, aber nicht ausgeführt.*

Gleich auf der ersten Seite (und erneut auf fol. 18v) wird als Besitzer der Papierhandschrift ein Kaufmann Giacomo Ghiringhelli aus Mailand genannt: Iste liber est mei Iacobi de Giringhelis de Mediolano *(1r)*[125]*. Der Geschichte dieser Familie Ghiringhelli in den Jahren 1480 bis 1492 ist auch der 13. und letzte Text dieses Kodex gewidmet (fol. 26v–29v).*

Den genannten Kodex kann man in jedem Falle als Sammelhandschrift mit eindeutigem Schwerpunkt bezeichnen. Er beginnt mit sieben öffentlichen Verträgen, die in den Jahren 1430 und 1431 zwischen Mailand und Genua geschlossen wurden (fol. 1r–19v). Es folgt ein Fragment aus dem lateinischen Aristoteles (fol. 20r), eine kurze Abhandlung über die Wahl und Krönung des römischen Kaisers (fol. 20v), dann der hier interessierende Ordo (s. oben), ein weiterer öffentlicher Vertrag von 1437 (fol. 24r) sowie ein Breve Eugens IV., das auf den 6. Juni 1439 datiert ist (fol. 24v–25v).

Die Texte sind also streng chronologisch eingereiht und fallen ausnahmslos in die 1430er-Jahre (der letzte, die Familiengeschichte betreffende Text ist offenkundig ein Nachtrag). Der Ordo servandus ad benedicendum et coronandum regem Italiae *müsste demzufolge nach dem 21. Februar 1431 eingetragen worden sein.*

b) Edition

Der Mailänder Ordo von 1431 wurde ein einziges Mal ediert und zwar von einem Kenner der Materie, dem Herausgeber der Ordines coronationis imperialis. Text und Kommentar ist dies mit Sicherheit sehr zugute gekommen:

> *Reinhard* ELZE*, Ordines für die Königskrönung in Mailand, in: Cristianità ed Europa 1, hg. von Cesare* ALZATI *(Festschrift Luigi Prosdocimi, 1994) S. 175–189, hier S. 184–189.*

124) *Vgl. dazu das Inventario Ceruti dei manoscritti della Biblioteca Ambrosiana 2 (Fontes Ambrosiani 52, 1975) S. 480 f.*

125) *Der Eintrag auf fol. 18v lautet:* Iste liber conventionum et pactionum inter Mediolanenses et Ianuenses est Iacobi de Ghiringhellis de Mediolano.

Der begleitende Aufsatz behandelt allerdings nicht nur den Ordo von 1431, sondern gibt einen präzisen Überblick über die gesamte Mailänder Ordines-Tradition[126]. *Er ist, wie schon gesagt, bis zum heutigen Tag nicht überholt.*

c) Datierung

*Von Elze stammt auch die maßgebliche Datierung dieses Ordo, die bereits im Titel ihren Niederschlag gefunden hat. In Abs. 14 wird ein Herzog von Mailand genannt (*dux Mediolani, qui ensem iustitie ante ipsum dominum coronandum deferat*), eine Würde, die es seit der Erhebung Gian Galeazzo Viscontis im Jahre 1395 gibt (als Terminus post quem); in Abs. 43 ist von der eisernen Krone die Rede, die von Rost überzogen sei (*trado coronam ferream rubigine plenam*); damit kann nicht die Eiserne Krone von Monza gemeint sein, die seit etwa 1450 mit der Eisernen Krone identifiziert wird (Terminus ante quem). Am besten passe jedoch der Text – so Elze – in das direkte Vorfeld der Krönung von 1431*[127].

d) Zahl der Ordines

Der von Elze edierte Text enthält zum ersten Mal in der Mailänder Tradition einen Ordo, der von vornherein ausschließlich für den König gedacht ist (im Ordo von Sant'Ambrogio war das nur in der gekürzten Fassung der Fall): Ordo servandus ad benedicendum et coronandum dominum regem Italie venturum ad coronationem in civitate Mediolani in ecclesia sanctissimi doctoris Ambrosii eiusdem pretacte civitatis[128].

Interessanterweise enthält der Ordo gewissermaßen zwei Zwischenüberschriften: die erste vor Abs. 15: Modus vero servandus, cum serenissimus rex coronandus committatur ab introitu suburbii usque ad aulam seu ad palatium, ubi descendere debet talis est, *die zweite vor Abs. 19:* In die coronationis servetur modus infrascriptus. *Es wird also hier dieselbe Kategorie* in die coronationis *verwendet, die auch schon im Ordo von Sant'Ambrogio eine Rolle gespielt hat.*

Verfolgt man die Entwicklung der Mailänder Ordines, so fällt auf, dass der Anfang des Textes, das heißt: die Zeremonien, die der eigentlichen Krönung vorausgehen, einen immer größeren Raum einnimmt. Man könnte sogar davon spre-

---

126) *Elze hat immer wieder (so wie hier) einzelnen Ordines Monographien in Aufsatzform, besonders in Festschriften, gewidmet.*

127) *Elze, Königskrönung in Mailand S. 181.*

128) *So die Edition von Elze und der paläographische Befund der Handschrift. Ungewöhnlich ist die Formulierung* pretacte. *Ob hier nicht vielmehr* prefate *gemeint ist?*

chen, dass dem Krönungs- (Abs. 19–58) ein Einzugsordo vorangestellt wird (Abs. 1–18), ohne aber als solcher explizit bezeichnet zu werden[129].

e) Charakter des Ordo

Der Ordo von 1431 wurde vor allem deshalb so spät ediert, weil er lange Zeit als „private Arbeit" eingestuft worden ist. So weist schon Marco Magistretti auf den Text hin, „qui nunquam in usum liturgicum venit"[130]. *Eduard Eichmann sieht sich infolge dessen nicht mehr verpflichtet, sich mit dem Ordo überhaupt näher zu beschäftigen.*[131].

Was hat die Autoren zu diesem Urteil bewogen? Das wissen wir nicht. Man kann aber vermuten, dass der Überlieferungskontext (in einem nicht-liturgischen Buch), die eher bescheidene Ausstattung (Verzicht auf die typischen Rubriken) und die abkürzende Zitierweise, die ein Vorlesen der Formeln unmöglich macht, zu diesem Eindruck beigetragen haben.

Inzwischen hat sich die Sicht der Dinge jedoch deutlich gewandelt. Die Unterscheidung von gültigen und nicht gültigen Ordines, von offiziellen und privaten Texten usw. ist weitgehend obsolet geworden. Vor diesem Hintergrund ist es völlig verständlich, den Ordo von 1431 nicht anders als seine Vorgänger zu behandeln.

f) Vorlagen

Die Frage der Vorlagen lässt sich im Falle des „Ordo von 1431" vergleichsweise einfach beantworten: Es handelt sich vor allem um den „Ordo der Römischen Kurie" für die Kaiserkrönung (Elze Nr. XVIII)[132]. *Dieser Ordo ist zu Beginn des 13. Jahrhunderts am Papsthof entstanden und wurde ausgesprochen eifrig rezipiert. So haben sich Dutzende von Handschriften in römischen Pontifikalien, in kurialen Zeremonienbüchern, aber auch in nichtliturgischen Handschriften erhalten*[133].

Die Auseinadersetzung mit der zeremoniellen Vorlage ist ein sehr kreatives Verfahren, das sich nicht auf eine einfache Formel bringen lässt - allein schon wenn man bedenkt, dass Formulierungen des ersten Abschnitts an drei Stellen auftauchen. So wird der Klerus mit Rauchfässern und Kreuzen in Abs. 1 genannt, der

129) *Wie schon gesagt: ähnliche Tendenzen gibt es auch bei den Kaiserkrönungsordines (siehe oben S. 30 bei Anm. 110).*

130) *Magistretti, Pontificale S. 122 Anm. 2*.*

131) *Vgl. Eichmann, Geschichte des Krönungsritus.*

132) *Vgl. Elze, Königskrönung in Mailand S. 180; zur Abhängigkeit im Einzelnen ebd. S. 180f.*

133) *Vgl. Elze, Ordines coronationis imperialis S. 69–87.*

Amtsinhaber (in Mailand: der Herzog), der dem König das Schwert voranträgt, in Abs. 15 sowie der Kämmerer, der Münzen unter das Volk wirft, in Abs. 16. Die Spoliierung des Herrscher-Pferdes aus dem Kaiserordo Abs. 2 folgt im Mailänder Ordo sogar erst in Abs. 19.

In den ersten Abschnitten spielt noch eine andere Vorlage eine Rolle: die Mailänder Ordines von Sant'Ambrogio, die den Einzug des Königs ebenfalls thematisieren, allerdings auch viel knapper abhandeln. Diese Passagen enthalten sehr viele Mailänder Besonderheiten, die sich an anderer Stelle nicht finden. So heißt es zum Beispiel in einer Antiphon: Mediolanum surge et vide iocunditatem, que venit tibi a deo tuo *(Abs. 4).*

Ab dem 18., spätestens jedoch ab dem 23. Abs. steht der Kaiserkrönungsordo im Vordergrund. Vorlage und Übernahme verhalten sich dabei folgendermaßen[134]*:*

Einholung des Königs
Abs. 1–18) MO III (partiell)[135]

Krönung des Königs

Abs. 19)	*KO XVIII, 2*
Abs. 20)	–
Abs. 21)	*Papstkrönungsordo*
Abs. 22)	–
Abs. 23)	*KO XVIII, 3*
Abs. 24)	*KO XVIII, 4*
Abs. 25)	*KO XVIII, 5*
Abs. 26)	*KO XVIII, 6*
Abs. 27)	*KO XVIII, 7*
Abs. 28)	*KO XVIII, 8*
Abs. 29)	*KO XVIII, (8–)9*
Abs. 30)	*KO XVIII, 11*
Abs. 31)	*KO XVIII, 12*
Abs. 32)	*KO XVIII, 13*
Abs. 33)	*KO XVIII, 14*
Abs. 34)	*KO XVIII, 15*
Abs. 35)	*KO XVIII, 16*
Abs. 36)	*KO XVIII, 17*

134) *Der Herrscher wird gewöhnlich als* dominus coronandus *bezeichnet; einmal blieb jedoch auch der Kaiser-Titel stehen:* dominum imperatorem seu coronandum *(Abs. 15). Allerdings wurde schon in den Ordines von Sant'Ambrogio gelegentlich diese Bezeichnung gebraucht, vgl. MO III, 31 und – gleich zweimal – III, 34.*

135) *So beruht Abs. 1 auf MO III, 1, Abs. 2 auf MO III, 1–2; Abs. 3 auf MO III, 2 und 4, Abs. 6 auf MO III, 3; Abs. 7 auf MO III, 2, Abs. 8 auf MO III, 3; Abs. 13 auf MO III, 3 und Abs. 15 auf MO III, 2.*

Abs. 37)	*KO XVIII, 18*
Abs. 38)	*KO XVIII, 19*
Abs. 39)	*KO XVIII, 20*
Abs. 40)	*KO XVIII, 21*
Abs. 41)	*KO XVIII, 22*
Abs. 42)	*KO XVIII, 23(–24)*
Abs. 43)	*KO XVIII, 24*
Abs. 44)	*KO XVIII, 25*
Abs. 45)	*(KO XVIII, 26)*
Abs. 46)	*(KO XVIII, 26)*
Abs. 47)	*KO XVIII, 27*
Abs. 48)	*KO XVIII, 28*
Abs. 49)	*KO XVIII, 29*
Abs. 50)	*KO XVIII, 30*
Abs. 51)	*KO XVIII, 31–32*
Abs. 52)	*KO XVIII, 33*
Abs. 53)	*KO XVIII, 35*
Abs. 54)	*(KO XVIII, 39)*
Abs. 55)	*KO XVIII, 40*
Abs. 56)	*KO XVIII, 41–42*
Abs. 57)	*KO XVIII, 42*
Abs. 58)	*KO XVIII, 43*
Abs. 59)	*KO XVIII, 44*

Selbstverständlich musste die römische Vorlage stets an die Mailänder Gegebenheiten angepasst werden. Das betraf vor allem die Toponyme sowie die Amtsträger aus Kirche und Kommune[136]*. Dass daneben aber viel Neues hinzugefügt wurde, braucht kaum eigens festgestellt zu werden.*

Eine Besonderheit des Ordo von 1431 besteht auch darin, dass er sogar auf die Liturgie der Papsterhebung Bezug nimmt. In Abs. 21 heißt es nämlich, der zu Krönende habe drei Handvoll Geld unter das Volk zu werfen und die Worte des Petrus aus der Apostelgeschichte zu sprechen: Aurum et argentum non est michi. Quod autem habeo tibi do *(Act. 3, 6). Genau dasselbe Zeremoniell hatten die Päpste beim Possesso, der Inbesitznahme des Laterans, zu vollziehen*[137].

136) *Vgl. Elze, Königskrönung in Mailand S. 180f.*

137) *Vgl. den Ordo von 1458, hg. von Bernhard Schimmelpfennig, Die Krönung des Papstes im Mittelalter, dargestellt am Beispiel der Krönung Pius' II. (3. 9. 1458), in: QFIAB 54 (1974) S. 192–270, hier Nr. 33 (S. 264) und dazu S. 241.*

V. Ein Bericht über die Krönung von 1530

Die Krönung König Sigismunds im Jahre 1431 war, wie sich herausstellen sollte, die letzte mittelalterliche in Mailand und überhaupt die letzte in Sant'Ambrogio (die beiden neuzeitliche Krönungen fanden im Mailänder Dom statt). Sigismunds Nachfolger, der Habsburger Friedrich III., erhielt die Krone der Lombardei in Rom aus den Händen des Papstes wenige Tage vor seiner Kaiserkrönung[138]*. Genau dieselbe Konstellation wiederholte sich bei der letzten Krönung in Italien, die nun allerdings in Bologna stattfand: die lombardische Krönung am 22. Februar 1530, die Kaiserkrönung zwei Tage später*[139]*.*

Diese Kaiserkrönung hat erstaunliche Zeugnisse hervorgebracht. Dazu gehört etwa eine monumentale Radierung des Nicolaus Hogenberg, die auf beinahe zwölf Metern (40 Blätter) die Cavalcata Karls V. mit Clemens VII. durch Bologna zeigt[140]*. Dazu gehört aber auch eine prächtige Zeremonienhandschrift, die die Krönung mit der Eisernen Krone zum Gegenstand hat.*

a) Handschrift

Vatikan, Biblioteca Apostolica, Cod. Borg. lat. 420 *V_2*

Diese Handschrift, eingebunden in rotem Samt – das heißt in der päpstlichen Farbe –, liegt in der Biblioteca Apostolica Vaticana:

> *Pergament; 20 Blätter (hier fol. 1r–19r); Größe: 331 x 230 mm; Schriftfeld: 224 x 128 mm; italienische Schrift des 16. Jahrhunderts (große Textualis); 12 Zeilen pro Seite; durchgehend Rubriken; zahlreiche Initialen; eine Miniatur (fol. 4r).*

Es besteht kein Zweifel, dass dieser Kodex nicht zum praktischen Gebrauch gedacht war, sondern vor allem den Betrachter beeindrucken sollte. Das beginnt mit dem relativ großen Format für eine kleine Zahl von gerade einmal 20 Blättern, setzt

---

138) *Vgl. Achim Th. HACK, Trauung und Mailänder Krönung in Rom. Die Doppelzeremonie am 16. März 1452, in: RHM (im Druck).*

139) *Zu dem Ereignis vgl. Bernhard SCHIMMELPFENNIG, Vatikanpalast und Zeremoniell, in: Hochrenaissance im Vatikan. Kunst und Kultur der Päpste 1503–1534 (1999) S. 154–159, besonders S. 159.*

140) *Vgl. Ute Barbara ULLRICH, Art. Nicolaus Hogenberg (um 1500–1539), Cavalcata Karls V. mit Clemens VII. anlässlich der Kaiserkrönung am 24. Februar 1530 in Bologna, in: Hochrenaissance im Vatikan. Kunst und Kultur der Päpste 1503–1534 (1999) S. 472 (Kat.-Nr. 130).*

sich fort mit einem sehr großzügigen Rand und endet noch nicht mit der auffällig stattlichen, beinahe schon kalligraphischen Schrift[141].

Hervorzuheben ist vor allem die malerische Ausstattung, die sich in kunstvollen Leisten (im Text und an den Rändern), aber auch in der Gestaltung ganzer Seiten äußert (etwa fol. 3v). Hinzu kommen Dutzende von farbigen Initialen, die über den gesamten Kodex verteilt sind. Eine Besonderheit ist die A-Initiale auf fol. 4r, die in Form einer Miniatur ausgeführt wurde. Diese zeigt die Krönung Karls V. durch Papst Clemens VII., beide mit der typischen Barttracht und anderen individuellen Zügen dargestellt. Allerdings handelt es sich bei der Krone nicht um die (tatsächlich benutzte) Eiserne Krone aus Monza, sondern um eine phantastische Strahlenkrone (sie ist im Übrigen auch nicht bei der Krönungsformel, sondern bei der Übergabe des Ringes eingefügt). Im Vordergrund sind vier Gefolgsleute des künftigen Kaisers zu sehen, vier rot und weiß gewandete Kardinäle assistieren dem Papst; im Hintergrund kann man zahlreiche Bischöfe und Äbte mit Mitren sowie andere hochgestellte Personen erkennen[142].

Nicht weniger bemerkenswert ist eine Seite (fol. 14v) mit musikalischen Beigaben in Quadratnotation (zwei Zeilen). Sie begleiten die ersten drei Worte des Te Deum laudamus, *die der Zelebrant stehend und ohne Mitra angestimmt hat (*pontifex stans sine mitra intonavit*)*[143].

Als Besitzer der Handschrift ist unschwer der Koronator, Papst Clemens VII., zu identifizieren. Sein Name und sein Wappen sind wiederholt in den Randleisten zu erkennen (fol. 1r, 2r, 3v, 4r, 14v, 15v usw.); außerdem wird hier auch das Thema des Kodex genannt: Coronatio ferrea *(fol. 3v).*

Wie schon mehrfach festgestellt worden ist, wurde der heutige Kodex aus einem älteren zusammengestellt, der offenbar sehr viel umfangreicher war (vgl. Lagenangaben, dreistellige Foliozählung, gröberes Pergament am Ende usw.). Allerdings besteht kein Zweifel daran, dass auch dieser bereits dem Medici-Papst gehörte[144].

141) *Vgl. dazu und zum Folgenden Friederike* Zaisberger, *Katalog, in:* dies./Otto Kresten *(Hrsg.), Österreich und der Vatikan. Eine fast tausendjährige Geschichte aus Dokumenten des Archivs, der Bibliothek und der Museen des Vatikans (1986) S. 105–106 (Nr. 11.10);* Morello, *Kodikologie; Giovanni* Morello, *Cerimoniale per l'incoronazione di Carlo V, in:* ders./Silvia Maddalo *(Hrsg.), Liturgia in figura. Codici liturgici rinascimentali della Biblioteca Apostolica Vaticana (1995) S. 295–297 (Kat.-Nr. 73);* Schimmelpfennig, *Cerimonie servate.*

142) *Die vier Laien im Vordergrund werden als diejenigen Adligen gedeutet, die die Insignien trugen: Alvaro Osori, Markgraf von Astorga (Zepter); Piero Paceco, Herzog von Ascolona (Schwert); Alessandro de'Medici, Herzog von Penna (Reichsapfel) und Bonifacio Paleologo, Markgraf von Monferrato (Krone). Bei den Purpurträgern handelt es sich um die Kardinäle Innocenzo Cibo, Paolo Cesi, Ippolito de'Medici und Girolamo Doria. Vgl.* Morello, *Kodikologie S. 56f.*

143) *Vermutlich ist genau der Text mit Noten versehen, den der Papst zu intonieren hatte.*

144) *Vgl.* Schimmelpfennig, *Cerimonie servate S. 472.*

b) Edition

Der schlanke Kodex wurde im Jahre 1989 für die Reihe „Codices e Vaticanis selecti phototypice expressi" faksimiliert und in nahezu zweitausend Exemplaren unter die Leser bzw. Betrachter gebracht. Das „Krönungszeremoniale" nimmt darin die Nummer 77 ein. (Dass der Leser dabei wohl eher an die Kaiserkrönung dachte, scheint man billigend in Kauf genommen zu haben.) Im Begleitheft zu dieser Publikation hat Bernhard Schimmelpfennig zum ersten Mal den hier interessierenden Text ediert.

Das Krönungszeremoniale Kaiser Karls V. Codex Borgianus latinus 420, hg. von Bernhard SCHIMMELPFENNIG */ Giovanni* MORELLO *(Codices e Vaticanis selecti 77, 1989) (Faksimile) und Begleitheft, S. 44–49 (Edition).*

c) Übersetzung

In demselben Begleitheft findet sich auch eine deutsche Übersetzung des Textes von Bernhard Schimmelpfennig, wenngleich nicht an derselben Stelle und nicht an einem Stück. Vielmehr kommentiert er den Text abschnittsweise, indem er ihn mit dem Bericht des Blasius von Cesena in dessen zeremoniellen Diarium vergleicht[145]*. Dabei stellt er nicht unerhebliche Unterschiede fest und folgert daraus, dass der päpstliche „magister caeremoniarum" nicht der Verfasser des Krönungsberichts im Codex Borgianus gewesen sein kann*[146]*.*

d) Datierung

Wann ist der Text entstanden? Zunächst einmal: nach der Krönung mit der Eisernen Krone (1530), über die der Verfasser rückblickend berichtet. Außerdem vor dem Tod Papst Clemens VII. (1534), der als Besitzer der Handschrift gelten muss. Das gilt im Übrigen sowohl für die ursprüngliche als auch für die jetzige Form des Manuskripts. Auf diese Weise kommt ein enges Zeitfenster von gerade einmal vier Jahren in Betracht. Kurz nach den Ereignissen dürfte das Interesse an der Zeremonie zudem am größten gewesen sein.

145) *Vgl.* SCHIMMELPFENNIG, *Historische Einführung S. 30–43.*

146) *Das zeremonielle Kompendium des Blasius für die Kaiserkrönung ist bei* ELZE, *Ordines coronationis imperialis S. 161–183 (Nr. XXVII) ediert. – Zu einem anderen Ereignis aus demselben Jahr vgl. Reinhard* ELZE, *Un altro sacco di Roma? Blasius von Cesena und die Tiberüberschwemmung 1530, in: Italia e Germania, hg. von Hagen* KELLER */ Werner* PARAVICINI */ Wolfgang* SCHIEDER *(Festschrift Arnold Esch, 2001) S. 257–264.*

e) Eigenart des Textes

Der im Cod. Borg. lat. 420 überlieferte Text hat einen eigenartigen Charakter. Wie bereits Reinhard Elze festgestellt hat, handelt es sich um „ein(en) Text, der wie ein Ordo aussieht, aber eigentlich eine Art von Bericht ist, jedenfalls erst nach der Krönung zu datieren"[147]*. Bernhard Schimmelpfennig spricht daher von einem „textgeschichtlich(en) Zwitter„: Während für einen Ordo die Gegenwarts- und Zukunftsformen typisch seien, sind es in diesem Bericht die Verben der Vergangenheit*[148].

Wie kann man sich die Genese dieses Textes vorstellen? Schimmelpfennig äußert die Vermutung, „daß ein schon existierender Ordo (...) nach der Krönung durch Hinzufügung der Überschrift, Veränderung der ersten Absätze und Wahl der Vergangenheitsform bei den Verben zu einem 'historischen' Bericht umgewandelt worden ist"[149]*. Dem ist nichts hinzuzufügen*[150].

f) Handschriftentypologie

Die Handschrift enthält auf 19 Blättern den Bericht über die „Eiserne Krönung" (coronatio ferrea) *Karls V. in Bologna. Es folgen zwei weitere Seiten (fol. 19v–20r) mit liturgischen Texten, die schwer zu lessen sind (*In die cenae domini *usw.). Ob sie ursprünglich Bestandteil der (überarbeiteten) Handschrift sein sollten oder nur eine Pergamentreserve (für einen eventuell längeren Text) waren, lässt sich kaum noch sicher entscheiden. Die letzte Seite (fol. 20v) ist jedenfalls leer*[151].

Wie dem auch sei: in der jetzt vorliegenden Form ist die Handschrift als ein Krönungsbuch aufzufassen – eine Form, die in der Mailänder Tradition bereits mehrfach gewählt worden ist, hier allerdings in der besonderen Gestalt eines retrospektiven Berichtes.

---

147) *ELZE, Königskrönung in Mailand S. 182.*

148) *SCHIMMELPFENNIG, Historische Einführung S. 31 (dort auch das Zitat). Vgl. auch DERS., Cerimonie servate S. 471. – MORELLO, Kodikologie S. 56, irrt daher, wenn er meint, dass „das Manuskript aber eine bestimmte Zeit vor dem Ereignis geschrieben und mit Miniaturen versehen worden ist".*

149) *SCHIMMELPFENNIG, Historische Einführung S. 32.*

150) *Was den retrospektiven Charakter betrifft gibt es starke Übereinstimmungen mit den „Coronation Records", die zu dieser Zeit vor allem in England üblich waren, vgl. SCHRAMM, Ordines-Studien III S. 310 und mehrfach.*

151) *Sie zeigt die negativen Abdrücke einer ehemals gegenüberliegenden Seite. Auf den vorausgegangenen Seiten überlagern solche Abdrücke z. T. die aktuelle Schrift.*

g) Vorlagen

Bei seiner Untersuchung des zeremoniellen Berichtes gewann Bernhard Schimmelpfennig den Eindruck: „Mehrere Gebetsformeln ähneln denen im Pontificale des Guillelmus Duranti“[152]*. Er nimmt damit auf das weit verbreitete Werk des Bischofs von Mende Bezug, das in der ersten Hälfte der 1290er-Jahre verfasst worden ist*[153].

*Worum handelt es sich aber genau? Als erste naheliegende Quelle kommt zunächst der allgemeine Krönungsordo (*De benedictione et coronatione aliorum regum et reginarum*: lib. I, ordo XXVI) in den Blick. Mit seinen Formeln (Abs. 22–29) stimmen die Abschnitte 8 bis 16 des Bologneser Berichtes überein. Vier weitere Abschnitte (nämlich Abs. 1 und 5 bis 7) sind dem vorausgehenden Ordo entnommen, der die Kaiserkrönung regelt (*Ordo romanus ad benedicendum regem vel reginam, imperatorem vel imperatricem coronandos: *lib. I, ordo XXV).*

Damit bleibt nur noch eine einzige Formel übrig: Accipe regie dignitatis anulum *(Abs. 4), die aber alles andere als eine Neuschöpfung ist. Der älteste Beleg für die Grundform findet sich im Sieben- bzw. Elfformelordo (Abs. 5 bzw. 6), die hier verwendete erweiterte Variante steht im „Ordo von Arras“*[154]*. Im Übrigen kommt die Formel in beiden Varianten bereits in zwei früheren Mailänder Vorschriften vor, nämlich in den Lombardischen Krönungsordines sowie in den Ordines von 1311*[155].

Fasst man diese Ergebnisse tabellarisch zusammen, so ergibt sich das folgende Bild (römische Zahlen beziehen sich auf das erste Buch des Guillelmus Duranti; die Absätze 2, 3 und 17 enthalten Rubriken):

Abs. 1) *GD XXV, 7*
Abs. 2) –
Abs. 3) –
Abs. 4) *OF XVI, 23, SO 5, EO 6 etc.*
Abs. 5) *GD XXV, 17*
Abs. 6) *GD XXV, 23*
Abs. 7) *GD XXV, 24*

---

152) SCHIMMELPFENNIG, *Historische Einführung S. 32. – Der anonyme Verfasser verweist im 1. Abs. explizit auf ein Pontifikale (*prout in pontificali*).*

153) *Vgl. Le Pontifical de Guillaume Durand, hg. von Michel* ANDRIEU, *Le Pontifical Romain au moyen-âge 3 (Studi e testi 88, 1940).*

154) *Die hier gebrauchte Formel ist durchaus distinktiv. Die meisten Ordines verwenden nämlich die ursprüngliche Form ohne die Ergänzung in der Mitte, vgl.* JACKSON, *Ordines coronationis Franciae Nr. XVIII, 16 (Ordo von Saint-Bertin); XIX, 29 (Ordo von 1200); XXI, 40 (Ordo von 1250); sowie* ELZE *Ordines coronationis imperialis Nr. XI, 7 (Erweiterter Westlicher Ordo).*

155) Vgl. *MO I, 8 und II, 24.*

Abs. 8) GD XXV, 25
Abs. 9) GD XXVI, 22
Abs. 10) GD XXVI, 23
Abs. 11) GD XXVI, 24
Abs. 12) GD XXVI, 25
Abs. 13) GD XXVI, 26
Abs. 14) GD XXVI, 27
Abs. 15) GD XXVI, 28
Abs. 16) GD XXVI, 29
Abs. 17) –

VI. Ordo der Chronica Danielis de comitibus Angleriae

a) Chronica Danielis

Neben den „klassischen" Krönungsordines aus dem Hoch- und Spätmittelalter sowie neben einem retrospektiven Ordo aus dem Pontifikat Clemens' VII. hat sich auch noch ein geradezu phantasischer Ordo erhalten. Es handelt sich um den Ordo der Chronica Danielis de comitibus Angleriae[156].

Diese Chronik berichtet über einen Zeitraum, der mit dem frühen 7. Jahrhundert beginnt und bis zum Jahre 1167, also kurz nach der Zerstörung Mailands durch Friedrich Barbarossa, reicht. Als ihr Verfasser nennt sich ein gewisser „magister Daniel", über den ansonsten nicht viel bekannt ist. Ihre Entstehung muss im Jahrfünft zwischen 1268 und 1273 angenommen werden[157].

Wie schon längst festgestellt worden ist, besitzen die darin erwähnten Fakten „keinen ereignisgeschichtlichen Wert"[158]*. Vielmehr handelt es sich um Geschichtsfabeln, die auf die Auseinandersetzungen innerhalb der Mailänder Gesellschaft abzielen. Zuletzt hat man in diesem Text sogar eine Art „Streitschrift" gesehen*[159].

Eine hervorgehobene Stellung nimmt jedenfalls das Geschlecht der Grafen de Inglexio ein, *das angeblich auf den „König von Italien" Millius zurückgeht; König*

156) *Vgl.* Elze, *Königskrönung in Mailand S. 182 f.*

157) *Vgl. Una cronaca milanese inedita del secolo XIII: La „Chronica Danielis", hg. von Adolfo* Cinquini, *in: Miscellanea di storia e cultura ecclesiastica 4 (1905–1906) S. 165–191 und 376–391, hier S. 176–178 (erneut unter dem Titel: Chronica Mediolanensis [a. 606–1145]. Secondo il Ms. latino della Naz. di Parigi 8315. Genealogia comitum Angleriae. Secondo il Ms. lat. della Naz. di Torino 1045, Rom o. J. [1906], hier S. 12–14). Vgl. dazu* von Giesebrecht, *Geschichtsschreibung S. 317–335;* Busch, *Geschichtsschreibung S. 145–183.*

158) Busch, *Geschichtsschreibung S. 152.*

159) Busch, *Geschichtsschreibung S. 148.*

Desiderius gehörte ihm ebenfalls an[160]. Diese comites de Inglexio spielen nun auch in dem Krönungsordo eine hervorgehobene Rolle, der im zwölften Abschnitt (von insgesamt 34 Abschnitten) der Chronik steht[161].

Der Text ist in zahlreichen Mailänder Handschriften überliefert (so in der Biblioteca Ambrosiana, Brera, Trivulziana). Der älteste Kodex aus dem 14. Jahrhundert liegt allerdings in **Paris, Bibliothèque Nationale, Cod. lat. 6168, fol.** P_2 **7r–22r**[162], eine „Translatio reliquiarum sancti Petri et Pauli" (Abs. 8) wird auch als eigenständiger Text tradiert (BHL Suppl. Nr. 6687b)[163].

Die einzige Edition geht auf Adolfo Cinquini zurück, der ihr einen Beitrag in den „Miscellanea di storia e cultura ecclesiastica" des Jahres 1906 gewidmet hat. Zur gleichen Zeit wurde derselbe Text als Separatum gedruckt und in 150 Exemplaren (mit einer falschen Signatur auf dem Titelblatt) ausgegeben[164].

Die erste italienische Übersetzung des Textes stammt bereits von Graf Giorgio Giulini aus dem Jahre 1760[165]; ihr folgte mehr als ein Jahrhundert später eine weitere aus der Feder des schon weiter oben genannten Rocco Bombelli[166]. Die beiden Wiedergaben umfassen ausschließlich den Ordo der Königserhebung. Eine deutsche Paraphrase hat der Münchner Mediävist Wilhelm von Giesebrecht 1881 vorgelegt[167].

b) Galvaneus Flamma

Wichtig für die weitere Verbreitung des Textes war die Rezeption durch den 1283 geborenen, gelehrten Dominikaner Galvaneus Flamma. Er hat eine ganze Reihe von historiographischen Werken verfasst, etwa eine Chronica extravagans, die

160) Zur Königstafel vgl. BUSCH, Geschichtsschreibung S. 232f.

161) In der ältesten Handschrift ohne Nummerierung und Überschrift. Zur Interpretation vgl. zuletzt BUSCH, Geschichtsschreibung S. 149 und 178–180. – Allein im 12. Abschnitt werden die Grafen de Inglexio neunmal genannt.

162) Die Signaturen „6188" und „8315" (die letztere sogar auf einem Titelblatt) sind unzutreffend.

163) Es handelt sich um einen Pergamentkodex im Oktavformat, bestehend aus 23 Blättern mit circa 30 Zeilen pro Seite in einer Schrift des 14. Jahrhunderts. Außer der Chronica Danielis enthält die Handschrift zahlreiche Schaubilder zu Tugenden und Lastern sowie (auf ursprünglich leeren Seiten) Verse, Sentenzen, Merksprüche etc. Als Besitzer der Handschrift nennt sich wiederholt Franzius de Castillione filius domini Perruzini wohnhaft in loco Castillione plebis de Castro Seprio.

164) Siehe oben S. 46 mit Anm. 157.

165) Vgl. Giorgio GIULINI, Memorie spettanti alla storia, al governo ed alla descrizione della Città e della campagna di Milano ne'secoli bassi 4 (Mailand o. J. [1760]) S. 240–242; dem entspricht Bd. 2 (²1854) S. 549f. Giulini ordnet diesen Text dem Jahre 1081, also Heinrich IV., zu.

166) BOMBELLI, Corona ferrea S. 60–62: „Delle ceremonie usate nelle incoronazioni italiche, secondo l'autore della cronaca di Angleria".

167) Zum zwölften Kapitel vgl. VON GIESEBRECHT, Geschichtsschreibung S. 327.

Chronica Galvagnana, eine Chronica maior, eine Chronica ordinis praedicatorum, einen Manipulus florum, eine Politia novella usw.[168]

Die „größere Chronik" wurde offenbar im Jahre 1342 abgefasst und im vorletzten Jahrhundert von Antonio Ceruti nach einer Handschrift in der Ambrosiana ediert (Mailand, Biblioteca Ambrosiana, Cod. Ambr. A 275 inf., fol. 61a–233c). Sie enthält eine Passage über die Mailänder Krönung des rex Romanorum *(Kap. 504), die offenkundig der „Chronica Danielis" entnommen ist.*[169] *Anstelle der* comites de Inglexio *wurden allerdings hier stets die* comites Anglerie *angeführt, benannt nach der Burg Angera in der Provinz Varese. Nach dem Konstrukt des Verfassers handelt es sich dabei um Vorfahren der später so mächtigen Familie der Visconti.*

c) Johannes Burckard

Ohne jeglichen Anspruch auf Vollständigkeit sei schließlich noch ein drittes Zeugnis angeführt. Der im elsässischen Nieder-Haslach geborene päpstliche Zeremonienmeister (und spätere Bischof von Orte und Civita Castellana) Johannes Burckard trug in seinen „Liber notarum", sein voluminöses zeremonielles Tagebuch, den Ordo der „Chronica Danielis" am Ende des Jahres 1496 wortwörtlich ein und adelte damit sozusagen das phantastische Konstrukt. Zweifel an der Authentizität der Zeremonie scheinen ihm nicht gekommen zu sein[170].

d) Art des Ordo

Schon mit der Bezeichnung des Textes als Modus coronationis imperatoris in sancto Ambrosio *(Galvaneus Flamma) oder* Ordo servandus quando serenissimus rex Romanorum venit in Italiam se coronaturus in Mediolano corona

168) *Vgl. Paolo* Tomea, *Fiamma, Galvaneo, in: DBI 47 (1997) S. 331–338 (zur Chronica maius S. 334–335) sowie* Busch, *Geschichtsschreibung, passim.*

169) *Vgl. Chronicon extravagans et Chronicon maius auctore Galvaneo Flamma ord. Praedicatorum scriptore Mediolanensi, hg. von Antonio* Ceruti *(Miscellanea di storia italiana edita per la cura della R. Deputazione di storia patria 7, 1869) S. 439-784, hier S. 523 f.*

170) *Vgl. Johannes Burckard, Liber Notarum ab anno 1483 usque ad annum 1506, hg. von Enrico* Celani *(Rerum Italicarum Scriptores 32, 1, 1, 1907–1910) hier S. 655. Zum Verfasser s. Ingeborg* Walther, *Art. Burckard, Johannes, in: DBI 15 (1972) S. 405–408; Bernhard* Schimmelpfennig, *Art. Burckard, Johannes, in: Deutscher Humanismus. Verfasserlexikon 1 (2008) S. 299–307. – Der Text beruht sehr wahrscheinlich auf dem Chronicon Danielis, da auch Burckard die Grafen als* comites de Inglesio *bezeichnet.*

regni Italie *(Johannes Burckard) suggerieren die Autoren liturgische Normalität*[171]. *Und was dann folgt, reiht sich durchaus in die gängigen Vorschriften ein: Warten auf den König, Vortragekreuz und Krönungseid auf das örtliche Missale, Geleit in die Kirche mit Krönung und Thronsetzung, Fußkuss auf der rechten und auf der linken Seite usw.*

Was den fiktiven Ordo allerdings bemerkenswert macht, ist vor allem die ungewohnte Perspektive. Nicht die Rolle von König oder Metropolit stehen im Zentrum, sondern die der (örtlichen) Grafen von Inglexio *bzw. von* Angleria. *Auch ihnen werden zeremonielle Aufgaben zugeschrieben, die diese Familien von anderen (tendenziell konkurrierenden) abheben. Sogar die Zweitplatzierten – aus dem Geschlecht der Cotta von der Porta Nova – sind ausdrücklich genannt*[172].

e) Herkules mit dem Löwen

*Nach der Chronica Danielis betritt der König hinter einem Vortragekreuz die Kirche und kommt zum Altar des heiligen Ambrosius, wo König Herkules in Stein gemeißelt ist (*vadit ad altare sancti Ambrosij, ubi est sculptus in lapide rex Hercules*). Dieser Herkules – so erfährt man – sei das Zeichen der Könige und Grafen von Inglexio (*Qui Hercules est signum istorum regum et comitum de Inglexio*). Dort auf der rechten Seite wird das Vortragekreuz abgestellt (*qui Hercules est ex parte dextra eundo versus altare sancti Ambrosij et iuxta predictum Herculem debet poni ista crux*), der König kniet sich vor ihm nieder und küsst die Füße (nicht etwa des Erlösers, sondern) des genannten Herkules (*debet dictus dominus imperator flectare genua ante crucem et debet osculare pedes dicto Herculi*). Dies sei ein Vorrecht der Könige und Grafen von Inglexio (*hoc est ex quadam regalia et honore istorum dictorum regum et comitum de Inglexio).

*Galvaneus Flamma nennt die genaue Position des Steines: am Eingang zum Chor auf der rechten Seite (*ad introitum chori in dextra*). Das Bild zeige Herkules, wie er den Löwen am Schwanz packe (*est ymago Herculis tenentis leonem per caudam*). Auch hier ist wieder vom Kuss des (künftigen) Kaisers und den Vorrechten der Könige (hier:) von Angleria die Rede, die dieses Bild in der Fahne trügen (*propter reverentiam ad reges Anglerie, qui portabant illam ymaginem in vexillo*).*

171) *Bei Galvaneus Flamma geht es auch dementsprechend weiter:* Modus coronationis imperatoris in Roma. Ordo coronationis imperatoris in Roma est talis, prout habetur in cronica kalendaria (...).

172) *Zur Mailänder Valvassorenfamilie der Cotta vgl.* Busch, *Geschichtsschreibung S. 166.*

Versucht man, diese Skulptur in der Mailänder Krönungskirche zu finden, so wird man sehr schnell enttäuscht: Es gibt hier nichts, was auch nur entfernt an einen Herkules erinnern würde[173]*. Dagegen stößt man in der Civica Raccolta delle Stampe Achille Bertarelli (d. h. im Castello Sforzesco) auf eine anonyme Radierung des 18. Jahrhunderts (Inv.-Nr.: Vol. AA 46, tav. 30)*[174]*, auf der am unteren Rand die Worte „Marmo scolpito a basso relievo nella basilica Ambrosiana" zu lesen sind. Sie zeigt tatsächlich eine beinahe nackte männliche Gestalt, die einen katzengroßen Löwen am Schwanz in die Luft hält. Darüber steht in einem Giebel:* D(is) M(anibus) / CTILIAE EVTYCILAE. *Offenbar handelt es sich um ein Grabmonument aus der vorchristlichen Ära, auf dem ein Frauenname genannt wird*[175].

Es ist nicht die einzige historische Erwähnung des Herkules-Steines; Henry Simonsfeld hat solche schon zu Beginn des 20. Jahrhunderts systematisch gesammelt[176]*. Außerdem stellt er aufgrund der Briefe im Cod. 168 der Biblioteca Trivulziana heraus, dass Prospero Visconti Anfang der 1570er-Jahre das Marmor-Relief gekauft und dem bayerischen Herzog Wilhelm V. geschenkt hat*[177]*. Im Übrigen ist darauf auch nicht ein Herkules dargestellt, sondern der Gott Bacchus, nur mit dem Fell eines Ziegenbocks bekleidet*[178].

f) Rückkehr zu Muratori

Damit schließt sich der Kreis. Denn auch schon Muratori war im 17. Jahrhundert zunächt von der Chronica Danielis und den Werken des Galvaneus Flamma ausgegangen, um den Ritus der Mailänder Kröung zu rekonstruieren und hatte dazu die Texte eigens abgedruckt[179]*. Erst weil ihn diese Darstellungen nicht befriedigen konnten, edierte er im Anschluss daran die Ordines für den König und die Königin von 1311. Er vollzog damit den überaus wichtigen Schritt von der Geschichtslegende zur historischen Forschung moderner Prägung.*

173) *Vgl. Carlo* Bertelli, *Percorso tra le testimonianze figurative più antiche. Dai mosaici di S. Vittore in Ciel d'oro al pulpito della basilica, in: La basilica di S. Ambrogio. Il tempio ininterotto, hg. von Maria Luisa* Gatti Perer *(1995) S. 339–387.*

174) *Die Radierung misst 175 x 238 Millimeter.*

175) *Im Corpus Inscriptionum Latinorum V, 2, hg. von Theodor* Mommsen *(1877) Nr. 6014, ist die Inschrift zu* Gellinae Eutychiae *konjiziert. Die dargestellte Person wird als Hirte, der Löwe als Hund identifiziert.*

176) *Vgl.* Simonsfeld, *Funde S. 521–534.*

177) *Vgl.* Simonsfeld, *Mailänder Briefe S. 506, 508 f., 574 (und besonders die Briefe Nr. 19, 63, 124).*

178) *Vgl.* Simonsfeld, *Funde.*

179) *Vgl.* Muratori, *Anecdota 2 S. 324–328. Muratori schreibt: „Itaque exordium a MS Chronico Comitum Angleriae ducamus, cuius Auctorem (Danielem fortassis nomine) seculo Christi decimo tertio floruisse iam diximus" (S. 325).*

g) Zur Textpräsentation

Anders als bei den bisherigen Ordines werden die folgenden Passagen nicht nach den Handschriften, sondern nach bereits existierenden Editionen abgedruckt[180]. *Nur der zwölfte Abschnitt der Chronica Danielis wurde erneut mit dem Pariser Kodex (fol. 12v–13v) verglichen. Dabei zeigte sich, dass die Ausgabe von Adolfo Cinquini durchaus exakt den Buchstabenbestand wiedergibt. Allerdings ergänzt er ihn an fünf Stellen durch eine Reihe von Punkten, deren Sinn nicht recht verständlich wird*[181]*; in der Handschrift haben sie jedenfalls keine Entsprechungen (und sind deshalb hier wieder entfernt).*

VII. Zur Einrichtung der Ausgabe

Die vorliegende Edition bemüht sich um eine genaue Wiedergabe der Handschriften, ohne aber den Text unlesbar zu machen. Konkretes Vorbild sind die beiden letzten, sehr viel umfangreicheren Ausgaben der Krönungordines von Reinhard Elze (1960) sowie Richard A. Jackson (1995/2000).

Grundsätzlich werden die orthographischen Varianten, die nicht selten vom Italienischen der betreffenden Zeit beeinflusst sind, beibehalten (Verdoppelung oder Vereinfachung von Konsonanten, hyperurbanes „h", „x" anstelle von „s", „y" statt „i" etc.), sogar wenn sie dann uneinheitlich sind (etwa anulus *und* annulus*). Dagegen werden Endungen in aller Regel normalisiert und der handschriftliche Befund im Apparat nachgewiesen. Etliche Besonderheiten stammen bereits aus der Vorlage des jeweiligen Textes; sie müssen allein schon deshalb übernommen werden, um diesen Zusammenhang zu dokumentieren*[182].

*Der Name Christi ist meist mit griechischen Buchstaben abgekürzt (*ιης χρς*), wird dabei aber durchaus dekliniert (z. B.* ιηυ χρο*); in einer Handschrift steht anstelle des Iota am Beginn ein Ypsilon (*υης χρς*)*[183]. *Diese Abkürzungen werden im Folgenden in lateinischer Sprache (also* Iesus Christus *usw.) aufgelöst.*

Die Ordines sind, wie allgemein üblich, in Abschnitte unterteilt. Diese haben lediglich die Funktion, die betreffenden Texte möglichst bequem zitierbar zu ma-

180) *Sonst wäre etwa auch jeweils die Erstellung eines Stemmas usw. erforderlich geworden. – Vgl. Anm. 157, 168 und 169.*
181) *Jeweils nach a)* ibi esse duo, *b)* qui nominatur, *c)* osculare pedem, *d)* et fuit *und e)* non debet *(S. 177).*
182) *Zahlreiche Ergänzungen und Verbesserungen beruhen auf dem Vergleich mit der jeweiligen Vorlage. Darauf wird in aller Regel nicht eigens hingewiesen.*
183) *Nämlich im Ordo von 1431.*

chen. In den Fällen, in denen der Ordo für die Königin am Ende angehängt ist, werden diese Abschnitte wieder von vorne und zur Unterscheidung mit Asterisk gezählt.

Ansonsten gilt: Aufrechte Buchstaben geben Rubriken, kursive Formeln (Übergabeformeln, Gebete, Antiphonen etc.) wieder; Überschriften sind gesperrt gesetzt. Biblische Texte werden nur dann im Apparat nachgewiesen, wenn diese ausdrücklich zitiert sind. Für alle anderen Vorlagen ist auf das Vorwort zu verweisen.

An der Orthographie wurde wenig verändert („korrigiert"), auch „ae", „ę" und „e" sind gemäß der handschriftlichen Überlieferung abgedruckt[184]*. Nur kurzes „i" und langes „j" wurden beide als „i" wiedergegeben, „u" und „v" sind dagegen nach modernem Usus als Vokal und Konsonant unterschieden.*

Die Groß- und Kleinschreibung wurde normalisiert (nur Satzanfänge und Eigennamen groß). Die Interpunktion folgt ebenfalls modernen (und zwar am Deutschen orientierten) Regeln.

---

184) *Im Codex Borgianus Latinus 420 sind zum Teil winzige „caudae" eingezeichnet, allerdings, wie es scheint, ganz unsystematisch (vgl. fol. 6v, 7v, 10r, 12r). Sie werden hier nicht wiedergegeben.*

ABKÜRZUNGSVERZEICHNIS

Allgemeine Abkürzungen

Abh. München	*Abhandlungen der Bayerischen Akademie der Wissenschaften, Historische Klasse*
ADB	*Allgemeine Deutsche Biographie*
Archiv	*Archiv der Gesellschaft für Ältere Deutsche Geschichtskunde*
AUF	*Archiv für Urkundenforschung*
BHL	*Bibliotheca Hagiographica Latina*
DA	*Deutsches Archiv für Erforschung des Mittelalters*
DBI	*Dizionario biografico degli Italiani*
FMSt	*Frühmittelalterliche Studien*
HJb	*Historisches Jahrbuch*
LThK	*Lexikon für Theologie und Kirche*
MGH	*Monumenta Germaniae Historica*
Const.	*Constitutiones et acta publica imperatorum et regum*
Fontes iuris	*Fontes iuris Germanici antiqui in usum scholarum seperatim editi*
LL	*Leges (in folio)*
NA	*Neues Archiv der Gesellschaft für Ältere Deutsche Geschichtskunde*
NDB	*Neue Deutsche Biographie*
QFIAB	*Quellen und Forschungen aus italienischen Archiven und Bibliotheken*
RHM	*Römische Historische Mitteilungen*
SB München	*Sitzungsberichte der Bayerischen Akademie der Wissenschaften, Philosophisch-philologische und historische Klasse*
ZRG Kan.	*Zeitschrift der Savignystiftung für Rechtsgeschichte, Kanonistische Abteilung*

Ordines

DO	*Dunstan-Ordo (hg. von* SCHRAMM, *Krönung bei den Westfranken und Angelsachsen, Ordo E)*
EO	*Elfformelordo (hg. von* JACKSON, *Ordines coronationis Franciae, Nr. XIV)*
GD	*Guillelmus Durandi, Pontificale (hg. von* ANDRIEU, *Pontificale Romain 3)*

KO	*Kaiserkrönungsordines (hg. von* ELZE, *Ordines coronationis imperialis)*
III	*Ordo für die Krönung der Königin und Kaiserin, im Ottonischen Pontifikale auch für die Kaiserin*
XVIII	*Ordo der Römischen Kurie*
Leofric	*Leofric-Missale (The Leofric Missal, hg. von* ORCHARD*)*
MO	*Mailänder Ordines (siehe Editionsteil in diesem Band)*
II	*Ordines von 1311*
III	*Ordines von Sant'Ambrogio*
OF	*Ordines coronationis Franciae (hg. von* JACKSON*)*
XV	*Ratold Ordo*
XVI	*Ordo von Arras*
PRG	*Pontificale Romano-Germanicum (Le Pontifical romano-germanique, hg. von* VOGEL / ELZE*)*
SO	*Siebenformelordo (hg. von* ERDMANN, *Forschungen)*

QUELLEN- UND LITERATURVERZEICHNIS

ANDRIEU, Michel: Le Pontifical Romain au moyen-âge, 4 Bde. (Studi e testi 86, 87, 88, 99, 1938-1941)

– Les Ordines romani du haut moyen âge, 5 Bde. (Spicilegium Sacrum Lovaniense. Études et documents 11, 23, 24, 28, 29, 1931–1961)

BETHMANN, Ludwig: Reise durch Deutschland und Italien in den Jahren 1844, 1845, 1846, in: Archiv 9 (1847) S. 513–658

Biblia sacra iuxta vulgatam versionem, hg. von Robert WEBER / Roger GRYSON ([4]1994)

BOMBELLI, Rocco: Storia della corona ferrea (1870)

BORELLA, Pietro: Il rito ambrosiano (1964)

BRESSLAU, Harry: Geschichte der Monumenta Germaniae historica (1921)

Burckard, Johannes: Liber Notarum ab anno 1483 usque ad annum 1506, hg. von Enrico CELANI (Rerum Italicarum Scriptores 32, 1, 1, 1907–1910)

BUSCH, Jörg W.: Die Mailänder Geschichtsschreibung zwischen Arnulf und Galvaneus Flamma. Die Beschäftigung mit der Vergangenheit im Umfeld einer oberitalienischen Kommune vom späten 11. bis zum frühen 14. Jahrhundert (Münstersche Mittelalter-Schriften 72, 1997)

Chronica Danielis → Cronaca milanese inedita

Chronicon extravagans et Chronicon maius auctore Galvaneo Flamma ord. Praedicatorum scriptore Mediolanensi, hg. von Antonio CERUTI (Miscellanea di storia italiana edita per la cura della R. Deputazione di storia patria 7, 1869) S. 439-784

CODAGHENGO, Alfonso: Un pontificale ad uso della chiesa milanese nel sec. XI, in: Memorie storiche della diocesi di Milano 6 (1954) S. 240-251

Coronatio Mediolanensis, hg. von Georg Heinrich PERTZ (MGH Leges [in folio] 2, 1837) S. 503–509.

Una cronaca milanese inedita del secolo XIII: La „Chronica Danielis", hg. von Adolfo CINQUINI (Miscellanea di storia e cultura ecclesiastica 4, 1905–1906) S. 165–191 und 376–391, (erneut unter dem Titel: Chronica Mediolanensis [a. 606–1145]. Secondo il Ms. latino della Naz. di Parigi 8315. Genealogia comitum Angleriae. Secondo il Ms. lat. della Naz. di Torino 1045, Rom o. J. [1906])

Danielis Chronica → Cronaca milanese inedita

Eichmann, Eduard: Die Kaiserkrönung im Abendland. Ein Beitrag zur Geistesgeschichte des Mittelalters mit besonderer Berücksichtigung der kirchlichen Rechte, der Liturgie und der Kirchenpolitik, 2 Bde. (1942)
- *Königs- und Bischofsweihe (SB München, phil-hist. Kl. 6, 1928)*
- *Zur Geschichte des lombardischen Krönungsritus, in: HJb 46 (1926) S. 517–531*

Elze, Reinhard: Monza und die Eiserne Krone im Mittelalter, in: La corona ferrea nell'Europa degli Imperi. Un millennio di storia 1, hg. von Graziella Buccellati (1995) S. 45–59.
- *Die „Eiserne Krone" in Monza, in: Percy Ernst Schramm, Herrschaftszeichen und Staatssymbolik. Beiträge zu ihrer Geschichte vom dritten bis zum sechzehnten Jahrhundert 2 (MGH Schriften 13,2, 1955) S. 450–479*
- *Ordines für die Königskrönung in Mailand, in: Cristianità ed Europa 1, hg. von Cesare Alzati (Festschrift Luigi Prosdocimi, 1994) S. 175–189*
- *Ordines → Ordines coronationis imperialis*

Erdmann, Carl: Forschungen zur politischen Ideenwelt des Frühmittelalters. Aus dem Nachlass des Verfassers hg. von Friedrich Baethgen (1951)

Galvaneus Flamma → Chronicon extravagans

Gamber, Klaus: Codices liturgici latini antiquiores, 3 Bde. (Spicilegium Friburgense, Subsidia 1, ²1968–1988)

von Giesebrecht, Wilhelm: Zur mailändischen Geschichtsschreibung im zwölften und dreizehnten Jahrhundert, in: Forschungen zur deutschen Geschichte 21 (1881) S. 299–339

Jackson, Ordines → Ordines Coronationis Franciae

Johannes Burckard → Burckard

Kroener, August: Die Wahl und Krönung der deutschen Kaiser und Könige in Italien (Lombardei) (1901)

Lejay, Paul: Ambrosien (rit), in: Dictionnaire d'archéologie chrétienne et de liturgie 1 (1907) Sp. 1373–1442

The Leofric Missal, hg. von Nicholas Orchard, 2 Bde. (2002)

Magistretti, Pontificale → Pontificale in usum ecclesiae Mediolanensis

Manuale Ambrosianum ex codice saec. XI olim in usum canonicae vallis Travaliae 2: Officia totius anni et alii ordines, hg. von Marco Magistretti (Monumenta veteris liturgiae Ambrosianae 3, 1904)

Martène, Edmond: De antiquis Ecclesiae ritibus, 4 Bde. (Rouen 1700-1702)

MORELLO, Giovanni: Kodikologie, in: Das Krönungszeremoniale Kaiser Karls V. Codex Borgianus latinus 420. Begleitheft, hg. von DEMS. / Bernhard SCHIMMELPFENNIG (Codices e Vaticanis selecti 77, 1989) S. 52–58

MURATORI, Ludovico Antonio: Anecdota quae ex Ambrosianae Bibliothecae codicibus nunc primum eruit 2: De corona ferrea qua Romanorum Imperatores in Insubribus coronari solent (Mailand 1698)

Ordines coronationis Franciae. Texts and Ordines for the Coronation of Frankish and French Kings and Queens in the Middle Ages, hg. von Richard A. JACKSON, 2 Bde. (1995)

Ordines coronationis imperialis, hg. von Reinhard ELZE (MGH Fontes iuris 9, 1960)

PAPA, Ottavia: A Liturgical Source: l'Ordo incoronandi of Milan in the Late 11th Century, in: La corona ferrea nell'Europa degli imperi. Un millennio di storia 1, hg. von Graziella BUCCELLATI (1995) S. 411–416

PELLEGRIN, Élisabeth: La bibliothèque des Visconti et des Sforza ducs de Milan au XVe siècle (Publications de l'Institut de recherche et d'histoire des textes 5, 1955)

PERTZ, Georg Heinrich → Coronatio Mediolanensis

PETOLETTI, Marco: Il messale di Gian Galeazzo Visconti per S. Ambrogio (Milano, Archivio Capitolare, M6), in: Aevum 83 (2009) S. 629–667

Pontificale in usum ecclesiae Mediolanensis necnon Ordines Ambrosiani ex codicibus saecc. IX–XV, hg. von Marco MAGISTRETTI (Monumenta veteris liturgiae Ambrosianae 1, 1897)

Le Pontifical romano-germanique du dixième siècle, 3 Bde., hg. von Cyrille VOGEL / Reinhard ELZE (Studi e Testi 226, 227, 269, 1963–1972)

ROSENTHAL, Jacques: Bibliotheca medii aevi manuscripta. Pars prima. Einhundert Handschriften des abendländischen Mittelalters vom neunten bis zum fünfzehnten Jahrhundert (Katalog 83, 1925)

SCHIMMELPFENNIG, Bernhard: „Cerimonie servate pro corona ferrea ...", in: Hochrenaissance im Vatikan. Kunst und Kultur der Päpste 1503–1534 (1999) S. 471–472 (Kat.-Nr. 128).

– Historische Einführung, in: Das Krönungszeremoniale Kaiser Karls V. Codex Borgianus latinus 420. Begleitheft, hg. von Giovanni MORELLO / DERS. (Codices e Vaticanis selecti 77, 1989) S. 30–43

SCHRAMM, Percy Ernst: Die Krönung bei den Westfranken und Angelsachsen von 878 bis um 1000, in: ZRG Kan. 23 (1934) S. 117–242

– *[Ordines-Studien I:] Die Ordines der mittelalterlichen Kaiserkrönung. Ein Beitrag zur Geschichte des Kaisertums, in: AUF 11 (1930) S. 285–390*
– *Ordines-Studien II: Die Krönung bei den Westfranken und den Franzosen, in: AUF 15 (1938) S. 3–55*
– *Ordines-Studien III: Die Krönung in England, in: AUF 15 (1938) S. 305–391*
SCHWALM, *Jakob: Reise nach Holland, Belgien, Nordfrankreich und dem Niederrhein im Sommer 1894. Reise nach Italien im Herbst 1894. Reise nach Italien im Herbst 1898, in: NA 23 (1898) S. 9–50 und 291–374*
SIMONSFELD, *Henry: Einige kunst- und literaturgeschichtliche Funde, in: SB München, phil-hist. Kl. (1902) S. 521–568*
– *Mailänder Briefe zur bayerischen und allgemeinen Geschichte des 16. Jahrhunderts, in: Abhandlungen München Hist. Kl. 22 (1902) S. 231–575*

ORDINES CORONATIONIS MEDIOLANENSIS

HANDSCHRIFTENSIGLEN

Ordo I

V_1 *Vatikan, Biblioteca Apostolica, Cod. lat. 13151, fol. 52r–59r*
M_1 *Mailand, Biblioteca del Capitolo metropolitano, Cod. 2-D-3-7, fol. 103r–127v*

Ordo II

P_1 *Paris, Bibliothèque Nationale, Cod. lat. 977*

Ordo III

M_2 *Mailand, Archivio Capitolare di Sant'Ambrogio, Cod. M5*

Ordo III A

M_3 *Mailand, Archivio Capitolare di Sant'Ambrogio, Cod. M6, fol. 296r–298r*

Ordo IV

M_4 *Mailand, Biblioteca Ambrosiana, Cod. I 114 inf., fol. 21r–23v*

Ordo V

V_2 *Vatikan, Biblioteca Apostolica, Cod. Borg. lat. 420*

Ordo VI, a

P_2 (*Paris, Bibliothèque Nationale, Cod. lat. 6168, fol. 12v–13v*)

Editorische Hinweise

g e s p e r r t	Ü b e r s c h r i f t e n
aufrecht	Rubriken
kursiv	*Formlen*
petit	*kennzeichnet wörtliche Übernahmen aus einer anderen Fassung*
< >	*kennzeichnet Emendationen bzw. Interpolationen*
( )	*kennzeichnet unsichere Auflösung von Kürzungen*
[ ]	*kennzeichnet zerstörte Stellen*

I. Lombardische Ordines

| Incipit ordo qualiter rex ordinari debet. *V1 fol. 52r*

1. Omnipotens ęterne deus, creator omnium, imperator angelorum, rex regnantium dominusque dominantium, qui Habraham fidelem famulum tuum de hostibus triumphare fecisti, Moysi et Iosue populo pręlatis multiplicem victoriam tribuisti humilemque David | puerum tuum regni fastigio sublimasti et Salomonem sapientię pacisque ineffabili munere ditasti, respice, quęsumus, ad preces humilitatis nostrę et super hunc famulum tuum N., quem supplici devotione in regem eligimus, benedictionum tuarum dona in eo multiplica eumque dextera tuę potentię semper et ubique circunda, quatenus prędicti Habrahe fidelitate firmatus, Moysi mansuetudine fretus, Iosue fortitudine munitus, David humilitate exaltatus, Salomonis sapientia[a] *decoratus, tibi in omnibus placeat et per tramitem iustitię inoffenso gradu semper incedat ęcclesiamque tuam deinceps cum plebibus sibi annexis ita enutriat ac doceat, muniat et instruat contraque omnes visibiles et invisibiles hostes eidem potenter regaliterque tuę virtutis regimen administret et ad verę fidei pacisque concordiam eorum animos te opitulante reformet, ut horum populorum debita subiectione fultus condigno amore glorificetur, ad paternum decenter solium tua miseratione conscendere mereatur, tuę quoque protectionis galea munitus et scuto insuperabili iugiter protectus armisque cęle|stibus circumdatus optabilis victorię triumphum feliciter capiat terroremque suę potentię infidelibus inferat et pacem tibi militantibus lętanter reportet; per dominum nostrum, qui virtute crucis tartara destruxit regnoque diaboli superato ad cęlos victor ascendit, in quo potestas omnis regumque consistit victoria, qui est gloria humilium et vita salusque populorum. Qui tecum vivit et regnat deus*[b].

V1 fol. 52v *V1 fol. 53r*

2. Item consecratio sive benedictio regis:

Te invocamus, domine, sancte pater, omnipotens, ęterne deus, ut hunc famulum tuum N., quem tuę divinę dispensationis providentia in primordio plasmatum usque ad hunc pręsentem diem | iuvenili flore lętantem crescere concessisti, eum dono tuę pietatis ditatum plenumque veritatis gratia de die in diem coram deo et hominibus ad meliora semper proficere facias, ut summi regiminis solium gratia superna largiente gaudens suscipiat et misericordię suę

V1 fol. 53v

a) *folgt unterpunktet erneut* exaltatus *V1* b) *fehlt M1*

muro ab hostium adversitate undique munitus plebem sibi commissam cum pace propitiationis et virtute victorię feliciter regere mereatur.

3. <Alia>[c]:

In diebus eius oriatur omnibus ęquitas et iustitia, amicis adiutorium, inimicis obstaculum, humilibus solacium, elatis correptio, divitibus doctrina, pauperibus pietas, peregrinis pacific<atio>[d]*, propriis in patria pax et securitas, unumquemque secundum mensuram suam moderate gubernans se ipsum sedulus discat, ut tua irrogatus compunctione toto populo tibi placita prebere vitę possit exempla et per viam veritatis cum grege gradiens sibi subdito populo opes frugales*[e] *habundanter adquirat, simul ad salutem non solum corporum, sed etiam cordium a te concessam cunctis a cunctis accipiat sicque in te cogi-*

V_1 fol. 54r

ta|tum animi consiliumque omne componens gubernacula cum pace simul et sapientia[f] *semper invenire videatur teque auxiliante pręsentis vitę prolixitatem percipiat et <per>*[g] *tempora bona usque ad summam senectutem perveniat huiusque fragilitati<s>*[h] *finem perfectam ab omnibus viciorum vinculis tuę pietatis largiente liberatus et infinitę prosperitatis pręmia perpetua angelorumque ęterna comercia consequatur. Per*[i].

4. Sacri benedictio olei:

Deus, dei filius, Iesus Christus, dominus noster, qui a patre <oleo>[j] *exultationis unctus est pr̨ę participibus suis, ipse pręsentem sacri unguinis infusione spiritus paracliti super caput tuum infundat benedictionem eandemque usque ad interiora cordis tui penetrare faciat, quatinus hoc visibili et tractabili dono invisibilia percipere et temporali regno iustis moderaminibus exsecuto ęternaliter cum eo regnare merearis, qui solus sine peccato rex regum vivit et gloriatur cum deo patre in unitate spiritus sancti*[k].

5. Alia:

Deus, electorum fortitudo et humilium celsitudo, qui in primordio per effusionem diluvii crimina mundi castigare voluisti et per columbam ramum

V_1 fol. 54v

olivę |portantem pacem terris redditam demonstrasti iterumque Aaron famulum tuum per unctionem olei sacerdotem sanxisti et postea per huius unguenti infusionem ad regendum populum Israheliticum sacerdotes ac reges et prophetas perfecisti vultum<que>[l] *in oleo ęcclesię exhilarandum per propheticam*

c) *fehlt* V_1 M_1 d) pacificus V_1 M_1; *siehe unten S. 74 MO II, 19 sowie* SCHRAMM, *Ordo E S. 213 Anm. 2b* e) *korr. aus* frugiles V_1; frugiles M_1 f) *folgt durchgestrichen* simul V_1; *folgt* simul M_1. g) *fehlt* V_1 M_1 h) fragilitati V_1 M_1 i) *folgt* dominum M_1 j) *fehlt* V_1 M_1 k) *folgt* deus M_1 l) vultum V_1 M_1

famuli tui vocem David esse prędixisti, ita quęsumus, omnipotens pater, ut per huius creaturę pinguedinem hunc servum tuum N. sanctificare tua benedictione digneris eumque in similitudinem columbę pacem simplicitatis populo sibi subdito pręstare et exempla Aaron in dei servitio diligenter imitari regnique vestigia consiliis scientia et ęquitate iudicii semper assequi vultumque humilitatis per hanc olei unctionem te adiuvante totius plebis paratum habere facias. Per[m].

6. Coronę regalis impositio:

Accipe coronam regni, quę, licet ab indignis, episcoporum tamen manibus capiti tuo imponitur quamque sanctitatis gloriam et honorem et opus fortitudinis expresse signare intelligas et per hanc | te participem ministerii nostri *V_1 fol. 55r* *non ignores ita, ut, sicut nos in interioribus pastores rectoresque animarum intelligimur, tu quoque in exterioribus verus dei cultor strenuusque contra omnes adversitates ęcclesię Christi defensor regnique tibi a deo dati et per officium nostrę benedictionis in vice apostolorum omniumque sanctorum tuo regimin<i>*[n] *comissi utilis executor regnatorque proficuus semper appareas, ut inter gloriosos athletas virtutum gemmis ornatus et pręmio sempiternę felicitatis coronatus cum redemptore ac salvatore nostro, Iesu Christo, cuius nomen vicemque gestare crederis, sine fine glorieris. Qui vivit et regnat.*

7. Acceptio virgę:

Accipe virgam virtutis atque ęquitatis, qua intelligas mulcere pios et terrere reprobos, errantibus viam pandere, lapsis manum porrigere disperdasque superbos et releves humiles; et aperiat tibi ostium[o] *Iesus Christus, dominus noster, qui de se ipso ait: 'Ego sum ostium, per me si quis introierit, salvabitur'*[1]*. Et ipse, qui est clavis David et sceptrum domus Israel, qui aperit et nemo claudit, claudit et nemo aperit. Sitque tibi auctor, | qui educit vinctum de* *V_1 fol. 55v* *domo carceris sedentemque in tenebris et umbra mortis, et in omnibus sequi merearis eum, de quo David propheta cecinit: 'Sedes tua, deus, in sęculum sęculi, virga ęquitatis virga regni tui'*[2]*. Et imitando ipsum diligas iustitiam et hodio habeas iniquitatem, quia propterea unxit te deus, deus tuus, ad exemplum illius, quem ante sęcula unxerat oleo exultationis prę participibus suis, Iesum Christum, dominum nostrum, qui cum eo vivit*[p].

m) *folgt* dominum nostrum M_1 n) regimine V_1 M_1 o) *so* M_1, *korr. aus* hostium V_1 p) *folgt* et regnat M_1

1) *Ioh. 10, 9.*
2) *Ps. 44, 7; Hebr. 1, 8.*

8. Acceptio gladii:

Accipe gladium per manus episcoporum, licet indignas, vice tamen et auctoritate sanctorum apostolorum consecratas tibi regaliter impositum nostręque benedictionis officio in defensionem sanctę dei ęcclesię divinitus ordinatum, et esto memor, de quo psalmista prophetavit dicens: 'Accingere gladio tuo super femur tuum, potentissime'[3]*, ut in hoc per eundem vim ęquitatis exerceas, molem iniquitatis potenter destruas et sanctam dei ęcclesiam eiusque fideles propugnes ac protegas nec minus in fide falsos quam christiani nominis hostes* *V_1 fol. 56r* *execres ac destruas, viduas et | pupillos clementer adiuves ac defendas, desolata restaures, restaurata*[q] *conserves, ulciscaris iniusta, confirmes bene disposita, quatinus hęc agendo virtutum triumpho gloriosus iustitięque cultor egregius cum mundi salvatore, cuius typum geris in nomine, sine fine merearis regnare. Qui cum patre et spiritu sancto.*

9. Acceptio anuli:

Accipe regię dignitatis anulum et per hunc in te catholicę fidei cognosce signaculum, quia, ut hodie ordinaris caput et princeps regni ac populi, ita perseverabilis auctor ac stabilitor christianitatis et christianę fidei permaneas, ut felix in opere, locuplex in fide cum rege regum glorieris per evum, cui est honor et gloria per infinita sęcula sęculorum. Amen.

10. Quando ponitur in solio:

Sta et retine ammodo locum, quem hucusque paterna successione tenuisti, hereditario iure tibi delegatum per auctoritatem dei omnipotentis.

11. Sequitur benedictio:

Benedic, domine, hunc pręsulem principem, qui regna regum omnium a sęculo moderaris. Amen.

V_1 fol. 56v *Et tali eum benedictione glorifica, | ut Daviticum teneat sublimitatis*[r] *sceptrum salutis et sanctificatus protinus repperiatur in merito. Amen.*

Da ei a tuo spiramine cum mansuetudine ita regere populum, sicut Salomonem fecisti regnum obtinere pacificum. Amen.

Tibi semper cum timore sit subditus tibique militet cum quieto regno; sit tuo clippeo protectus cum proceribus et ubique maneat sine pugna victor. Amen.

q) *so M_1, korr. aus* restaturata *V_1* r) *folgt gestrichenes* c *V_1*

3) *Ps. 44, 4.*

Sis ei contra acies inimicorum lorica, in adversis galea, in properis patientia, in protectione clipeus sempiternus. Amen.

Vivat inter gentium catervas magnanimus, sit in iudiciis ęquitatis singularis. Amen.

Locupletet eum tua prędita dextera, frugalem contineat patriam et suis liberis tribuat profutura. Amen.

Da ei prolixitatem vitę per tempora et in diebus eius oriatur iustitia. Amen.

Et pręsta ut gentes illi teneant fidem et proceres sui habeant pacem diligantque caritatem. Amen.

Tu eius mentem dignus illabere, ut amore te timeat et timore diligat. Amen.

Tu ei honor sis, tu gaudium, tu voluntas, tu in merore solacium, in ambiguitate | consilium, in itinere consolator, tu in iniuriis defensor, in tribulatione patientia, in egritudine medicina. Amen. *V₁ fol. 57r*

In te habeat omne consilium, per te tua discat a te commissa[s] *sapientia*[t] *regni gubernacula moderari, ut semper felix semperque a te gaudens de tuis mereatur beneficiis gratulari et ęternis valeat commerciis copulari. Amen.*

Et quem tu nobis hodie tua misericordia iocundum pręsentare dignatus es, tua facias multorum annorum curriculis protectione securum. Amen.

Et ita populus iste pululet coalitus benedictione ęternitatis, ut semper maneant tripudiantes in pace victores. Amen.

Quod ipse pręstare digneris, qui cum ęterno patre simul cum spiritu sancto vivis et regnas, deus, per omnia sęcula sęculorum. Amen.

12. Oratio:

Omnipotens deus det tibi de rore cęli et de pinguedine terrę habundantiam frumenti et vini serviantque tibi populi et adorent te tribus, esto dominus fratrum tuorum et incurventur ante te filii matris tuę, et qui benedixerit tibi, benedictionibus repleatur, et deus erit adiutor tuus: et omnipotens benedicat[u] *tibi. Et benedictionibus cęli desuper in montibus et in collibus, benedictionibus abissi | iacentis deorsum, benedictionibus uberum et uvarum pomorumque, benedictiones patrum antiquorum Habraham et Isaac et Iacob coadunatę sint super te. Per dominum*[v]. *V₁ fol. 57v*

s) *korr. aus* commissam V_1; comissam M_1 t) sapientiam V_1 M_1 u) *korr. aus* benedicet V_1; benedicet M_1 v) *fehlt* M_1

13. Alia:

Benedic, domine, fortitudinem principis et opera manuum illius suscipe et benedictione tua terra eius de pomis repleatur, de fructu cęli et de rore eius atque abissi subiacentis, de fructu solis et lunę, de vertice antiquorum montium, de pomis ęternorum collium, de frugibus terrę et plenitudinis eius. Benedictio[w] *eius*[w], *qui apparuit in rubo, veniat super caput eius N. et plena sit benedictio domini in filiis eius. Et tingat in oleo pedem*[x] *suum, cornua rinocerotis cornua illius, in ipsis ventilabit*[y] *gentes usque ad terminos terrę, et ascensor cęli auxiliator suus in sempiternum fiat.*

14. Et dicat omnis populus tribus vicibus cum episcopis: *Vivat rex N. in sempiternum. Amen.*

15. Tunc confirmabitur cum benedictione et omnes principes populi ad osculandum regem accedant.

16. Oratio:

Deus, perpetuitatis auctor, dux virtutum omnium, cuntorum hostium victor, benedic hunc famulum tuum[z] *tibi suum caput inclinantem*[a], *effunde* *V1 fol. 58r* *super eum gratiam firmam | et prolixa sanitate eum et prospera felicitate conserva et, ubicumque vel pro quibus auxilium tuum invocaverit, cito adsis et protegas et defendas. Per*[b].

17. *Rectitudo regis est noviter ordinati et in solium sublimati hęc tria pręcepta populo christiano sibi subdito pręcipere:*

I^a^. Inprimis, ut ęcclesia dei et omnis populus christianus veram pacem servet in omni tempore.

II^a^. Aliud est, ut rapacitates et omnes iniquitates omnibus gradibus interdicat.

III^a^. Tertium est, ut in omnibus iudiciis ęquitatem et misericordiam pręcipiat, ut nobis indulgeat suam misericordiam clemens et misericors deus.

Ordo ad reginam consecrandam.

1*. *Omnipotens ęterne deus, fons et origo totius bonitatis, qui fęminei sexus fragilitatem nequaquam reprobando adversaris, sed dignanter comprobando potius eligis, et qui infirma mundi eligendo fortia queque confundere decre-*

w) benedictione *M1*   x) *folgt gestrichenes* t *V1*   y) ventilabis *M1*   z) *folgt* il. *M1*
a) inclinans *M1*   b) *folgt* dominum *M1*

visti quique etiam glorię virtutisque tuę triumphum in manu Iudith, fęminę olim Iudaicę, plebi de hoste sevissimo resignare voluisti, respice, quęsumus, ad preces humilitatis nostrę et super hanc famulam tuam N., quam supplici devotione in reginam eligimus, benedicti|onum tuarum dona multiplica eamque *V_1 fol. 58v* *dexter<a>*[c] *tuę potentię semper et ubique circunda, ut umbone muniminis tui undique secus firmiter protecta visibilis seu invisibilis hostis nequitias triumphaliter expugnare valeat et una cum Sarra atque Rebecca, Lia et Rachel, beatis reverendisque fęminis, fructu uteri sui fecundari seu gratulari mereatur ad decorem totius regni statumque sancte dei ęcclesię regendum necnon protegendum. Per dominum nostrum, qui ex intemerato beatę Marię virginis alvo nasci, visitare ac renovare dignatus est hunc mundum. Qui tecum vivit et gloriatur in unitate spiritus sancti deus per immortalia sęcula sęculorum. Amen.*

2*. Item benedictio eiusdem ante altare:

Deus, qui solus habes immortalitatem lucemque habitas inaccessibilem, cuius providentia in sui dispositione non fallitur, qui fecisti, quę futura sunt, et vocas ea, quę non sunt, tamquam ea, quę sunt, qui superbos ęquo moderamine de principatu deicis atque humiles dignanter in sublime provehis, ineffabilem misericordiam tuam supplices exoramus, ut sicut Hester regi|nam *V_1 fol. 59r* *Israhelis causa salutis de captivitatis*[d] *suę*[e] *compede solutam ad regis Assueri thalamum regnique sui consortium transire fecisti, ita hanc famulam tuam N. humilitatis nostrę benedictione cristianę plebis gratia salutis ad dignam sublimemque regis nostri copulam regnique sui participium misericorditer transire concedas, et ut in regalis fędere coniugii semper manens pudica proximam virginitati palmam continere queat tibique deo vivo et vero in omnibus et super omnia iugitur placere desideret et in te sperante, quę tibi placita sunt, toto corde perficiat. Per.*

3*. Sacri unctio olei:

Spiritus sancti gratia humilitatis nostrę officio in te copiosa descendat, ut, sicut nostris manibus indignis oleo materiali oblita pinguescis exterius, ita ei<us>[f] *invisibili unguine delibuta impinguari merearis interius eiusque spirituali unctione perfectione perfectissime semper imbuta et illicita declinare tota mente et spernere discas seu valeas et utilia animę tuę iugiter cogitare, optare atque operari queas auxiliante domino nostro, Iesu Christo, qui cum patre et eodem spiritu sancto vivit.*

c) dexterę V_1 M_1 d) *korr. aus* captivitates V_1 e) *hier bricht der Text ab* M_1 f) ei V_1

V₁ fol. 59v | 4*. Impositio coronę:

Officio <*in*>*dignitatis*[g] *nostrę seu consecrationis in reginam benedicta accipe coronam regalis exellentię, quę, licet ab indignis, episcoporum tamen manibus capiti tuo imponitur, unde, exterius velut auro et gemmis redimita enites, ita ut interius auro sapientię virtutumque gemmis decorari contendas, quatinus per*[h] *occasionem*[h] *huius sęculi cum prudentibus virginibus sponso perhenni, domino nostro, Iesu Christo, digne et laudabiliter occurrens regiam cęlestis aulę merearis ingredi. Qui cum deo patre et spiritu sancto.*

g) dignitatis V_1 h) *in der Vorlage (z. B. SO 13; KO III, 4)* post occasum

II. Die Ordines von 1311

| Incipit ordo ad consecrandum regem. *P_1 fol. 1r*

1. Veniant cum magna processione in palatium regis episcopi suffraganei episcopaliter parati et chorus maiorum decenter adornatorum cum crucibus et incenso, ut mos est in sollemnitatibus incedere, et illi de centum cum primicirio; qui primicirius habeat piuvialem et baculum cum turribulo et cruce, ipsi vero habeant cottas albas.

2. Modus processionis talis est. Primo incedunt vegloni et veglone decenter ornati et ornate, secundo incedunt clerici de numero centum, tertio chorus ordinariorum cum suis officialibus, quarto incedunt episcopi suffraganei. Cum autem pervenerint ad palatium, ubi est rex, dicat unus episcoporum hanc orationem:

3. *Dominus vobiscum.*

Omnipotens sempiterne deus, qui famulum tuum Henricum regni fastigio dignatus es sublimare, tribue ei, quesumus, ut ita in huius seculi cursu cunctorum in comunem salutem disponat, quatenus a tue veritatis tramite non recedat. Per.

4. Postea suscipiant <eum>[a] duo episcopi dextra levaque, clerici autem cantent responsum:

'Disrumpam vincula populi mei', dicit dominus | *'et disperdam omnia mala, que induxi super eos, ut auferam universum dolorem a facie terre et a civitate ista'*[1]. *P_1 fol. 1v*

V<ersus>: *Israel, si me audieris, non erit in te deus recens neque adorabis deum alienum*[b].

5. Deducitur rex ab ipsis episcopis cum processione usque ad ecclesiam beati Ambrosii ducibus, marchionibus nobilibusque cum populo ipsos episcopos et regem comitantibus, clericis autem canentibus psall(enda):

Antiphona prima: *Benedices coronam anni benignitatis tue et campi tui replebuntur ubertate.*

a) *fehlt P_1* b) *folgt* ut au *P_1*

1) *Es handelt sich um kein direktes Bibelzitat, vgl. aber Ps. 2, 3; Ier. 30, 8.*

Psalmus: *Te decet hymnus, deus, in Syon et tibi reddetur votum in Ierusalem.*

Antiphona secunda: *Beatus homo, domine, quem erudieris, et de lege tua docueris eum.*

Antiphona tertia: *Iocundus homo, qui disponit sermones suos in iuditio, non movebitur in eternum.*

Antiphona quarta: *In via peccatorum non stetit et in cathedra pestilentie non sedit, sed in lege domini fuit voluntas eius.*

Antiphona quinta: *Erit iustus tanquam lignum fructiferum, quod plantatum est secus decursus aquarum.*

Antiphona sexta: *Desiderabiliora sunt, deus, mandata tua super aurum et lapidem pretiosum et dulciora super mel et favum.*

P₁ fol. 2r Antiphona septima: *Et si coram ho|minibus insecutus est, deus temptavit illum, tamquam aurum in fornace probavit eum et sicut holocausti hostias accepit illum.*

Antiphona octava: *Dicit dominus: 'Super quem requiescam? Super humilem et mansuetum, trementem verba mea.'*

Antiphona nona: '*Sicut fui cum Moyse, ita ero tecum*', dicit dominus. *Confortare populum meum, ne timeas, ecce dominus deus tuus ante te est et non te derelinquet.*

Antiphona decima: *Ecce mitto angelum meum, qui precedat te et custodiat semper. Conserva et audi vocem meam, et precedat te angelus meus.*

6. Ad hostium autem ecclesie clerus subsistat. Alter episcopus dicit hanc orationem:

Dominus vobiscum.

Deus, qui scis genus humanum nulla virtute posse subsistere, concede propitius, ut famulus tuus H(enricus), quem populo tuo voluisti preferri, ita tuo fulciatur adiutorio, quatenus, quibus potuit preesse, valeat et prodesse. Per.

7. Introgressi autem decantent clerici antiphonam:

In virtute tua, domine, letabitur rex et super salutare tuum exultavit vehementer. Desiderium anime eius tribuisti ei, domine.

8. Illis autem subsistentibus dicat dominus archiepiscopus:

Dominus vobiscum.

P₁ fol. 2v *Omnipotens sempiterne deus, celestium terrestriumque | moderator, qui famulum tuum H(enricum) ad regni fastigium provehere dignatus es, concede, quesumus, ut a cunctis adversitatibus liberatus et ecclesiastice pacis dono muniatur et ad eterne pacis gaudia te donante pervenire mereatur. Per.*

9. Cantent clerici antiphonam post *Kirieleison* cum *Gloria:*
Exaltent eum in ecclesia plebis et in cathedra seniorum laudent eum.

10. Post hec inter manus episcoporum perductus in chorum usque ad altaris gradum incedat cunctoque pavimento tapetibus palleolisque contecto. Ibi afferantur regalia et deponantur coram altari.

11. Tunc interrogetur ipse princeps a domino archiepiscopo per hunc modum:
Vultis sanctas dei ecclesias ac rectores earum[c] *necnon et cunctum populum sibi et vobis subiectum iuste ac religiose regali providentia iuxta morem patrum defendere ac regere?*

12. Responsio regis:
Profiteor, in quantum divino fultus adiutorio ac solatio omnium fidelium meorum valuero, ita me per omnia esse acturum.

13. Dominus archiepiscopus coram omnibus addat legens:
A vobis perdonari petimus, ut unicuique de nobis et ecclesiis nobis commissis canonicum privilegium[d] *ac debitam legem atque iustitiam conservetis et defensionem exhibeatis, sicut | rex in suo regno unicuique episcopo et ecclesie* *P_1 fol. 3r* *sibi commisse per rectum exhibere debet.*

14. Ad hoc rex respondeat et taliter dicat:
Promitto vobis, sanctissimi patres, et perdono, quia unicuique de vobis et ecclesiis vobis commissis canonicum privilegium[e] *et debitam legem atque iustitiam servabo et defensionem, quantum potuero adiuvante domino exhibebo, sicut rex in suo regno unicuique episcopo et ecclesie sibi commisse per rectum exhibere debet.*

15. Deinde alloquantur duo episcopi populum in ecclesia inquirentes eorum voluntatem, si tali principi ac rectori se subicere ipsiusque regnum firma fide stabilire atque iussionibus obtemperare velint, et si concordes

c) *Randglosse:* Aditiones tempore domini Ludovici regis Romanorum: canonice institutos et secundum religionem christianam debitam viventes *(am linken Rand etwas beschnitten)* P_1
d) *Randglosse:* Aditiones eiusdem temporis: Sacro imperio, vobis et successoribus vestris non obvians nec derogans honori imperiali in aliqua sui parte P_1 e) *Randglosse:* Aditiones eiusdem: prout iam premissum est P_1

taliter sunt in consecratione, qualiter fuerunt in electione; at si concordes invenerint, agant gratias deo et omnis plebs decantet *Kyrieleison.*

16. Post hec <hu>militer[f] ante altare rex totus in cruce prostratus cum episcopis iaceat et presbyteris desuper clero letanias agente.

Domine, miserere,
Domine, miserere,
Domine, miserere,
Christe, libera nos,
Salvator, libera nos,
Christe, libera nos,
Salvator, libera nos,
Christe, libera nos,
Salvator, libera nos,
Sancta Maria,
P_1 fol. 3v | *Sancte Micha<e>l*[g],
Sancte Gabriel,
Sancte Raphael,
Sancte Iohan<n>es[h],
Sancte Petre,
Sancte Paule,
Sancte Andrea,
Sancte Thoma,
Sancte Lucha,
Sancte Stephane,
Sancte Clemens,
Sancte Nazari,
Sancte Celse,
Sancte Prothasi,
Sancte Gervasi,
Sancte Grisante,
Sancta Daria,
Sancte Pantal<e>on[i],
Sancte Ambrosi,
Sancte Satyre,
Sancta Marcelina,

f) similiter P_1 g) Michal P_1 h) Iohanes P_1 i) Pantalimon P_1

Sancta Candida,
Sancta Iustina,
Sancte Benedicte,
Omnes sancti.
Exaudi, Christe,
Voces nostras.
Exaudi, Christe,
Voces nostras.
Exaudi, Christe,
Voces nostras.
Exaudi, deus,
Et miserere nobis.
Exaudi, deus,
Et miserere nobis.
Exaudi, deus,
Et miserere nobis.
Kyrieleison,
Kyrieleison,
Kyrieleison.

17. Finitis letaniis erigant se episcopi et unus eorum dicat:
Dominus vobiscum.

Te invocamus, domine, sancte pater, omnipotens, eterne deus, ut hunc famulum tuum H(enricum), quem tue divine dispensationis providentia in primordio plas|matum usque in hunc presentem diem iuvenili flore letantem *P_1 fol. 4r* *crescere concessisti, cum tue pietatis dono ditatum plenumque gratia veritatis de die in diem coram deo et hominibus ad meliora semper proficere facias, ut summi regiminis solium glorie superne largitate gaudens suscipiat et misericordie tue muro ab hostium adversitate undique munitus plebem sibi commissam cum pace propitiationis et virtute victorie feliciter regere valeat. Per.*

18. Tunc alius episcopus appropinquans dicat hanc orationem:

Deus, qui populis tuis virtute consulis et amore dominaris, da huic famulo tuo spiritum sapientie cum regimine discipline, ut tibi toto corde devotus in regni regimine maneat semper ydoneus tuoque munere ipsius temporibus securitas[j] *ecclesie dirigatur et in tranquillitate devotio christiana permaneat, ut in bonis operibus perseverans ad eternum regnum te duce valeat pervenire. Per.*

j) *folgt* et *P_1*

19. Alius episcopus dicat:

In diebus eius oriatur omnibus equitas et iustitia, amicis adiutorium, inimicis obstaculum, humilibus solatium, elatis correptio, divitibus doctrina, P_1 fol. 4v *pauperibus pietas, peregrinis | pacificatio, propriis in patria pax et securitas unicuique secundum suam mensuram moderate gubernans se ipsum sedulus discat, ut tua irrigatus compunctione tot<o>*[k] *populo tibi placita prebere vite possit exempla et per viam veritatis cum grege gradiens sibi subdito opes frugales <a>bundanter*[l] *acquirat, simul ad salutem non solum corporum, sed etiam cordium a te concessa cuncta accipiat sicque in te cogitatum animi consiliumque omne componens plebis gubernacula cum pace simul ac sapientia semper invenire videatur teque auxiliante presentis vite prolixitatem percipiat et per tempora bona usque ad summam senectutem perveniat huiusque fragilitatis finem perfectum ab omnibus vitiorum vinculis tue pietatis largitate liberatus et infinite prosperitatis premia perpetua angelorumque eterna commercia consequatur. Per.*

20. Tunc consecret eum metropolitanus in hec verba:

Omnipotens sempiterne deus, creator ac gubernator celi et terre, conditor et dispositor angelorum et hominum, rex regum et dominus dominantium, qui Abraham fidelem famulum tuum de hostibus triumphare fecisti, Moysi et Iosue tuo populo prelatis multiplicem victoriam tribuisti, humilem quoque David puerum tuum regni fastigio sublimasti eumque de ore leonis | P_1 fol. 5r *et de manu bestie atque Golie, sed et de gladio maligno Saul et omnium inimicorum eius liberasti et Salomonem sapientie pacisque ineffabili*[m] *munere ditasti, respice propitius ad preces humilitatis nostre et super hunc famulum tuum, quem supplici devotione*[n] *in regnum pariter elegimus, benedictionum tuarum dona multiplica eumque dextera tue potentie semper ubique circumda, quatenus predicti Abrahe fidelitate firmatus, Moysi mansuetudine fretus, Iosue fortitudine munitus, David humilitate exaltatus, sapientia Salomonis decoratus tibi in omnibus complaceat et per tramitem iustitie inoffenso gressu semper incedat et totius regni ecclesiam deinceps cum plebibus sibi annexis ita enutriat et doceat, muniat et instruat contraque omnes visibiles et invisibiles hostes idem potenter regaliterque tue virtutis regimen Ytalicorum amministret, ut regale solium videlicet Saxonum, Merciorum Nordanymbrorumque aliorumque populorum sibi subditorum sceptra non deserat, sed ad pristine fidei pacis concordiam eorum animos te opitulante reformet, ut utrorumque*

k) toti P_1 *(und Vorlage OF XVI, 17)* l) bundanter P_1 m) *folgt gestrichenes* m P_1
n) *Randglosse:* Aditiones eiusdem: in regem electus est P_1

horum populorum debita subiectione fultus cum digno amore per longum vite spatium paterne apicem | glorie tue miseratione unitum stabilire et gubernare (P_1 *fol. 5v*) *mereatur; tue quoque protectionis galea munitus et scuto insuperabili iugiter protectus armisque celestibus circundatus optabilis victorie triumphum de hostibus feliciter capiat, terrorem sue potentie infidelibus inferat et pacem tibi militantibus letanter reportet. Virtutibus necnon, quibus prefatos fideles tuos decorasti, multiplici honoris benedictione condecora et in regimine regni sublimiter colloca et oleo gratie spiritus sancti perunge.*

21. Hic ungatur rex a domino archiepiscopo in modum crucis in spatulis de oleo exorzizato, et cantent clerici antiphonam:

Dilexisti iustitiam et odisti iniquitatem, propterea unxit te deus, deus tuus, oleo leticie pre consortibus tuis.

Alia antiphona:

Unxerunt Salomonem Sadoch sacerdos et Natham propheta regem in Geon, et ambulantes leti dixerunt: Vivat rex in eternum.

22. Qua finita prosequatur dominus archiepiscopus:

Unde unxisti sacerdotes, reges et prophetas ac martyres, qui per fidem vicerunt regna et operati sunt iustitiam atque adepti sunt promissiones, cuius sacratissima unctio super eum defluat atque in interiora descendat | et cordis (P_1 *fol. 6r*) *illius intima penetret et promissionibus, quas adepti sunt victor<ios>issimi*[o] *reges gratia tua, dignus effitiatur, quatenus et in presenti seculo feliciter regnet et ad eorum consortium in celesti regno perveniat, per dominum nostrum Iesum Christum, filium tuum, qui unctus est oleo <letitie>*[p] *pre consortibus suis et virtute crucis aereas potestates debellavit, tartarea destruxit regnumque diaboli superavit et ad celos victor ascendit, in cuius manu victoria, omnis gloria et potestas consistunt, et tecum vivit et regnat in unitate eius spiritus sancti deus per omnia secula seculorum. Amen.*

23. Post unctionem:

Deus, dei filius, Iesus Christus, dominus noster, qui a patre oleo exsultationis unctus est pre participibus suis, ipse per presentem unguinis sacri infusionem spiritus paracliti super te infundat benedictionem eamde<m>que[q] *usque ad interiora cordis tui penetrare faciat, quatenus hoc visibili et tractabili dono invisibilia percipere et temporalia regna iustis moderaminibus executo eternaliter cum eo regnare merearis, qui solus sine peccato rex regum vivit et gloriatur cum deo patre in unitate spiritus sancti deus. Per.*

o) victorissimi P_1 p) *fehlt* P_1 q) eam denique P_1

24. Hic detur ei annulus a metropolitano:

Accipe regie dignitatis anulum et per hunc catholice fidei in te cognosce P_1 *fol. 6v* *signa|culum, quia, ut hodie ordinaris caput ac princeps regni ac populi, ita perseverabilis auctor ac stabilitor christianitatis et christiane fidei, et per hunc scias triumphali potentia hostes repellere, hereses destruere, subditos coadunare et connecti perseverabilitati fidei catholice, ut felix in opere, locuplex in fide cum rege regum glorieris in eternitate. Per eum, cui est honor et gloria per infinita secula seculorum. Amen.*

25. Sequitur oratio:

Deus, cuius est omnis potestas et dignitas, da famulo tuo prosperum sue dignitatis effectum, in qua remunerante te permaneat semperque te timeat tibique iugiter placere contendat. Per.

26. Postea ab episcopis ensem accipiat dicente metropolitano[r]:

Accipe gladium per manus episcoporum, licet indignas, vice tamen auctoritate sanctorum apostolorum consecratas tibi regaliter impositum nostreque benedictionis offitio in defensionem sancte dei ecclesie divinitus ordinatum, et esto memor, de quo psalmista prophetavit dicens: 'Accingere gladio tuo super femur tuum, potentissime'[2]*, ut in hoc per eundem vim exerceas equitatis, molem*[s] *iniquitatis potenter destruas et sanctam dei ecclesiam eiusque fideles* P_1 *fol. 7r* *propugnes ac protegas nec minus | sub fide falsos quam christiani nominis hostes execres et destruas, viduas et pupillos clementer adiuves ac defendas, restaures desolata, conserves restaurata, ulciscaris iniusta, confirmes bene disposita, quatenus hoc agendo virtutum triumpho gloriosus iustitieque cultor egregius, cuius cum mundi salvatore typum geris in nomine, sine fine merearis regnare. Qui cum patre.*

27. Quo accincto sequitur oratio:

Deus, qui providentia tua celestia simul et terrena moderaris, propitiare christianissimo regi nostro, ut omnis hostium suorum fortitudo virtute gladii spiritualis frangatur ac te pro illo pugnante penitus conteratur. Per filium tuum dominum nostrum.

r) *Randglosse (von anderer Hand):* ... accingat vaginam P_1 s) mollem P_1

2) *Ps. 44, 4.*

28. Post hec dominus archiepiscopus coronam capiti regis cum episcopis suis imponat et dicat:

Accipe coronam regni, que, licet ab indignis, episcoporum tamen manibus capiti tuo imponitur quamque sanctitatis gloriam et honorem et opus fortitudinis expresse signare intelligas et per hanc te participem ministerii nostri non ignores ita, ut, sicut nos in interioribus pastores rectoresque animarum intelligimur, tu quoque in exterioribus verus dei cultor strenuusque contra omnes adver|sitates ecclesie Christi defensor regnique a deo tibi dati et per officium P1 fol. 7v *nostre benedictionis vice apostolorum omniumque sanctorum tuo regimini commissi utilis executor regnatorque perspicuus semper appareas, ut inter gloriosos athletas virtutum gemmis ornatus et premio sempiterne felicitatis coronatus cum redemptore ac salvatore Iesu Christo, cuius nomen vicemque gestare crederis, sine fine glorieris. Qui vivit et imperat deus cum deo patre in unitate spiritus sancti deus.*

29. Sequitur oratio:

Deus perpetuitatis, lux virtutum, cunctorum hostium victor, benedic hunc famulum tuum tibi caput suum inclinantem et prolixa sanitate et prospera cum felicitate conserva et, ubicumque vel pro quibuscumque auxilium tuum invocaverit, cito adsis et protegas ac defendas. Tribue, quesumus, domine, ei divitias gratie tue, comple in bonis desiderium eius, corona eum miseratione et misericordia, ut tibi domino patri pia devotione iugiter famuletur. Per.

30. Hic detur ei sceptrum:

Accipe sceptrum regie potestatis insigne, virgam scilicet rectam regni, virgam virtutis, qua te ipsum bene regas sanctamque ecclesiam et populum videlicet christianum tibi | a deo commissum regia virtute defendas ab improbis, P1 fol. 8r *pravos corrigas, rectos pacifices et, ut viam rectam tenere possint, tuo iuvamine dirigas, quatenus de temporali regno ad eternum regnum pervenias ipso adiuvante, cuius regnum et imperium sine fine permanet in secula seculorum.*

31. Oratio:

Omnium domine, fons bonorum cunctorumque deus, institutor profectuum tribue, quesumus, famulo tuo adeptam bene regere dignitatem et a te sibi prestitum honorem corroborare dignare. Honorifica eum pre cunctis regibus terre, uberi eum locupleta benedictione et in solio regni consolida firma stabilitate. Visita eum in sobole, presta ei prolixitatem vite. In diebus eius semper oriatur iustitia et cum iocunditate et letitia eterno glorietur in regno.

32. Tunc detur ei virga:

Accipe virgam virtutis atque equitatis, qua intelligas mulcere pios et terrere reprobos, errantes viam docere lapsisque manum porrigere disperdasque superbos et releves humiles; et aperiat tibi dominus noster, Iesus Christus, ost<i>um[t]*, qui de se ipso ait: 'Ego sum hostium, per me si quis introierit, salvabitur'*[3]*. Et ipse, qui est clavis David et sceptrum domus Israel, qui aperit* *P_1 fol. 8v* *et nemo claudit, claudit et nemo aperit. Sit tibi adiutor, qui | eduxit vinctum de domo carceris sedentem in tenebris et umbra mortis, et in omnibus sequi merearis eum, de quo propheta David cecinit: 'Sedes tua, deus, in seculum seculi, virga equitatis virga regni tui'*[4]*. Et imitando (ipsum)*[u] *iustitiam diligas et odio habeas iniquitatem, quia proptera unxit te deus, deus tuus, oleo leticie ad exemplum illius, quem ante secula unxerat oleo exultationis pre participibus suis, Iesum Christum, dominum nostrum.*

33. Tunc benedicat eum dominus archiepiscopus dicendo:

Extendat omnipotens deus dexteram sue benedictionis et effundat super te do<n>um[v] *sue protectionis et circumdet muro felicitatis ac custodia*[w] *sue propitiationis, sancte Marie et beati Petri apostolorum principis sanctique Ambrosii atque omnium sanctorum intercedentibus meritis. Amen.*

34. Alia:

Victoriosum te atque triumphatorem de invisibilibus atque visibilibus hostibus semper efficiat et sancti nominis sui timorem pariter et amorem continuo cordi tuo infundat et in fide recta ac bonis operibus perseverabilem reddat et pace in diebus tuis concessa cum palma victorie te ad perpetuum regnum perducat. Amen.

35. Alia:

P_1 fol. 9r *Benedic, domine, hunc regem nostrum, qui regna | omnium moderaris a seculo. Et tali eum benedictione glorifica, ut Davitice teneat sublimitatis sceptrum et glorificatus in eius protinus reperiatur merito. Amen.*

36. Alia:

Honorifica eum pre cunctis regibus gentium, felix in populo dominetur et feliciter eum omnes nationes adorent, vivat inter gentium catervas magnanimus, sit in iudiciis equitatis singularis. Amen.

t) os tuum P_1 u) spm *(mit Kürzungsstrich)* P_1 v) domum P_1 w) custodiat *über der Zeile ergänzt aus* custodia P_1

3) *Ioh. 10, 9.*
4) *Ps. 44, 7; Hebr. 1, 8.*

37. Alia:

Presta ei prolixitatem vite per tempora, et in diebus eius oriatur iustitia, a te robustum regiminis solium teneat et in eterno regno glorietur cum iocunditate et iustitia. Amen. Quod ipse prestare.

38. Deinde coronatus honorifice deducatur ad solium et accipiat stationem a domino archiepiscopo dicente sic:

Sta et retine amodo locum, quem hucusque paterna successione tenuisti, hereditario iure tibi delegatum per auctoritatem dei omnipotentis[x] *et per presentem traditionem nostram, omnium scilicet episcoporum ceterorumque dei servorum. Et quanto clerum sacris altaribus propinquiorem perspicis, tanto* <*ei*>[y] *potiorem in locis congruis honorem impendere memineris, quatenus mediator*[z] *dei et hominum te mediatorem*[a] *cleri et ple|bis* (P_1 *fol. 9v*) *in hoc regni solio confirmet et in regnum eternum secum regnare faciat Iesus Christus, dominus noster, rex regum et dominus dominantium. Qui cum deo.*

39. Post hec detur sibi pomum aureum cum cruce et dicantur hec verba:

Accipe pomum aureum, quod significat monarchiam omnium regnorum, in nomine patris et filii et spiritus sancti. Amen.

40. Et dicat dominus archiepiscopus omnibus audientibus:

Rectitudo regis est noviter ordinati et in solium sublimati hec tria precepta populo christiano sibi subdito precipere: Inprimis, ut ecclesia dei et populus christianus veram pacem servet in omni tempore. Secundum est, ut rapacitates et omnes iniquitates omnibus gradibus interdicat. Tertium est, ut omnibus iuditiis equitatem et misericordiam precipiat, ut illi et nobis indulgeat suam misericordiam clemens et misericors deus. Qui cum patre.

41. Et dicat rex tertio: *Sic fiat.*

Tunc det dominus archiepiscopus pacem regi et rex det pacem omnibus et clerici decantent alta voce:

Te deum laudamus, te dominum confitemur, te eternum patrem omnis terra veneratur. Tibi omnes angeli, tibi celi et univers|se (P_1 *fol. 10r*) *potestates, tibi cherubin et seraphin incessabili voce proclamant: Sanctus, sanctus, sanctus dominus deus sabaoth. Pleni sunt celi et terra maiestatis glorie tue. Te gloriosus apostolorum chorus, te prophetarum laudabilis numerus, te martyrum candida-*

x) *Randglosse:* Aditiones eiusdem: Tum enim dei misterio in hoc cum ceteris episcopis devoti et religiose adsistimus cum ceteris dei servis, ut *(am rechten Rand etwas beschnitten)* P_1
y) *fehlt* P_1 z) meditator P_1 a) meditatorem P_1

tus laudat exercitus, te per orbem terrarum sancta confitetur ecclesia, patrem immense maiestatis venerandum, tuum verum et unicum filium, sanctum quoque paraclitum spiritum. Tu rex glorie, Christe, tu patris sempiternus es filius, tu ad liberandum suscepturus hominem non orruisti virginis uterum, tu devicto mortis aculeo aperuisti credentibus regna celorum, tu ad dexteram dei sedes in gloria patris, iudex crederis esse venturus. Te ergo quesumus, famulis tuis subveni, quos pretioso sanguine redemisti, eterna fac cum sanctis tuis <in>[b] *gloria <num>erari*[c]. *Salvum fac populum tuum, domine, et benedic hereditati tue, et rege eos et extolle illos usque in eternum. Per singulos dies benedicimus te et laudamus nomen tuum in eternum et in seculum seculi.* P*1* *fol. 10v* *Dignare, domine, die isto sine peccatis nos custodire.* | *Misere nostri, domine, miserere no<bis>*[d]. *Fiat, domine, misericordia tua super nos, quemadmodum speravimus in te. In te, domine, speravi, non confundar in eternum.*

Ordo ad benedicendum reginam.

42. Debet regina adduci in ecclesiam cum honore, et in ipso ingressu dic<a>t[e] dominus archiepiscopus hanc orationem:

43. *Omnipotens sempiterne deus, fons et origo totius bonitatis, qui femine sexus fragilitatem nequaquam reprobando propitius eligis et qui infirma mundi eligendo forcia queque confundere decrevisti quique etiam glorie virtutisque tue triumphum in manu Iudith, femine olim Iudayce, plebi de hoste sevissimo resignare voluisti, respice, quesumus, preces humilitatis nostre et super hanc famulam tuam, quam supplici devotione in reginam*[f] *eligimus, benedictionum tuarum dona multiplica eamque dextera tue potentie semper et ubique circunda, ut umbone*[g] *muniminis tui undique firmiter protecta visibilis et invisibilis hostis nequitias triumphabiliter expugnare valeat et una cum Sarra atque Rebecca, Lya et Rachel, beatis reverendisque feminis, fructu uteri*[h] *sui fecundari seu gratulari mereatur ad decorem totius regni statumque sancte dei* P*1* *fol. 11r* *ecclesie regendum necnon protegendum.* | *Per Christum, dominum nostrum, qui ex intemerato beate virginis Marie utero nasci, visitare ac revocare dignatus est mundum. Qui tecum vivit et gloriatur deus in unitate spiritus sancti per immortalia secula.*

b) *fehlt P1* c) munerari *P1* d) nostri *P1* e) dicit *P1* f) *Randglosse:* Aditiones eiusdem: profitemur *P1* g) umbratione *P1, siehe dazu oben die Einleitung S. 25* h) uteris *P1*

44. Tunc intret ecclesiam et prosternat se ante altare ad orationem. Et post pusillum ab episcopis elevata inclinet caput suum et archiepiscopus consecret eam hoc modo:

45. *Deus, qui solus habes immortalitatem lucemque habitas inaccessibilem; deus, cuius providentia in sui dispositione non fallitur; deus, qui fecisti, que futura sunt, et vocas ea, que non sunt, tanquam ea, que sunt; deus, qui superbos equo moderamine de principatu deicis atque humiles dignanter in sublime provehis, ineffabilem misericordiam tuam supplices exoramus, ut sicut Hester reginam Israhelis causa salutis de captivitatis sue compede solutam ad regis Assueri thalamum regnique sui consortium transire fecisti, ita hanc famulam tuam humilitatis nostre benedictione christiane plebis gracia salutis ad dignam sublimemque regis nostri copulam regnique sui participium misericorditer transire concedas, et ut in regalis federe coniugii semper manens pudica proximam virgini|tati palmam contingere queat tibique deo vivo et* *P_1 fol. 11v* *vero in omnibus et super omnia iugiter placere desideret et te inspirante, que tibi sunt placita, toto corde perficiat. Per.*

46. Tunc super scapulas eius fundat dominus archiepiscopus oleum sanctum ad modum crucis et dicat hec verba:

In nomine patris et filii et spiritus sancti prosit tibi hec unctio olei in honorem et consecrationem eternam.

47. Sequitur oratio:

Sancti spiritus gracia humilitatis nostre officio in te copiose descendat, ut, sicut manibus nostris indignis oleo materiali abolita pinguescis exterius, ita eius invisibili unguine delibuta inpinguari merearis interius eiusque spirituali unctione perfectissime semper imbuta et illicita declinare tota mente et spernere discas seu valeas et utilia anime tue iugiter cogitare, optare atque operari queas auxiliante domino nostro, Iesu Christo, qui cum deo patre et in eodem spiritu sancto vivit et regnat deus. Per.

48. Hic detur ei annulus:

Accipe annulum fidei, signaculum sancte trinitatis, quo possis omnes pravitates hereticas devitare et barbaras gentes virtute tibi prestita ad agnitionem veritatis vocare. Per.

49. *Omnium fons bonorum, domine, et cunctorum dator provectuum, tribue famule tue adep|tam bene regere dignitatem et a te sibi prestitam in ea* *P_1 fol. 12r* *bonis operibus corrobora gloriam. Per.*

50. Hic coronetur dicendo:

Accipe coronam glorie, honorem iocunditatis, ut splendida fulgeas et eterna exultatione coroneris. Per.

51. Sequitur:

Offitio indignitatis nostre seu congregationis in reginam benedicta retine coronam[i] *regalis excellentie, que, licet ab indignis, episcoporum tamen manibus capiti tuo est imposita, unde, sicut exterius auro et gemmis redimita enites, ita et interius auro sapiencie virtutumque gemmis decorari valeas, quatenus post occasum huius seculi cum prudentibus virginibus sponso perhenni, domino nostro, Iesu Christo, digne et laudabiliter occurrens regina celestis aule merearis ingredi ianuam auxiliante eodem domino nostro, Iesu Christo. Qui cum.*

52. Sequitur oratio ad complendum:

Omnipotens sempiterne deus, affluentem spiritum tue benedictionis super famulam tuam nobis orantibus propitiatus infunde, ut, que manus nostre impositione hodie regina efficitur, sanctificatione tua digna et electa permaneat, ut nunquam postmodum de tua gratia separetur indigna. Per.

53. Tunc dominus archiepiscopus missam celebret cum plena proces-
P_1 fol. 12v si|one.

Oratio super populum:

Deus, qui miro ordine universa disponis et ineffabiliter gubernas, presta, quesumus, ut famulus tuus H(enricus) hec in huius seculi cursu implenda decernat, unde tibi in perpetuum placere prevaleat. Per.

54. Epistolam et evangelium, responsorium in missa pro rege et dicto evangelio rex offerat panem et vinum ad manus domini archiepiscopi.

55. Super syndonem:

Omnipotens sempiterne deus, qui de plebe tua regni fastigio famulum tuum H(enricum) dignatus es sublimare, fac eum humilitatis, iustitie ceterarumque virtutum bono exuberare, ut a tue veritatis tramite non recedat et ad te, qui vita es, gratiosus perveniat. Per.

i) *folgt* et P_1

56. Super oblationem:

Concede, quesumus, omnipotens deus hiis sacrifitiis salutaribus placatus, ut famulus tuus H(enricus) ad peragendum regalis dignitatis officium inveniatur semper ydoneus et celesti patrie reddatur acceptus. Per.

57. Prefati<o>[j]:

Eterne deus, qui es auctor totius bonitatis, regum consecrator, bonorum omnium adtributor dignitatumque largitor, cuius ineffabilem clementiam votis omnibus exoramus, ut famulum tuum H(enricum), quem regalis glorie culmine voluisti sublimari, | sapientie ceterarumque virtutum ornamentis *P_1 fol. 13r* *facias decorari et, quia tui est muneris, quod imperat, tue sit pietatis, quod id feliciter agat, quatenus de visibilibus et invisibilibus hostibus triumphator effectus et transitorii regni gubernacula inculpabiliter teneat et ad eterni infinita gaudia te miserante perveniat. Per Christum.*

58. Benedictio archipresulis:

Benedicat tibi dominus, custodiatque te et, sicut voluit te super populum suum esse regem, ita in presenti seculo felicem et eterne felicitatis tribuat esse consortem.

59. *Clerum ac populum, quem sua voluit opitulatione in tua sanccione congregari, sua dispensatione et tua amministratione per diuturna tempora faciat feliciter gubernari. Amen.*

60. *Quatenus divinis monitis parentes, adversitatibus carentes, bonis omnibus exuberantes, tuo imperio fideli amore obsequentes et in presenti seculo tranquillitate fruantur et tecum eternorum civium consortio potiri mereantur. Amen. Quod ipse.*

61. Post communionem:

Hec, domine, salutaris sacrifitii perceptio famuli tui H(enrici) peccatorum maculas diluat et ad regendum secundum tuam voluntatem populum <ill>um[k] *ydoneum reddat, ut hoc salutari misterio contra visibiles atque invisibiles hostes reddatur invictus, per quod mundus est divina dispensatione redemtus.*

62. Finita missa rex communicetur et sic ait: *Deo gratias.*

j) prefatium P_1 k) tuum P_1

III. Die Ordines von Sant'Ambrogio (Langfassung)

M_2 fol. 1r | Ordo ad coronandos regem et reginam Italiae[a]

M_2 fol. 2r | 1. Dum serenissimus rex Romanorum, tamquam ellectus, pervenit in Italiam ad accipiendum coronam ferream in civitate Mediolani ante altare almi confessoris ac eximii doctoris beati Ambrosii, inprimis cum scitur adventus suus, convocetur universus clerus quorumcumque ordinum ad ecclesiam maiorem Mediolani. Ad quam congregationem veniant omnes cum reliquiis sanctorum, turribulis, crucibus et aparatibus honoratius quam fieri poterit. Quibus congregatis procedant ordinate occurendo in adventum regis coronandi ad introytum suburbii, quod dominus coronandus intraturus est.

2. Et ibidem ordinate extensi secundum continentiam uniuscuiusque ordinis, expectent adventum domini regis. Et ibi adsint nobiles civitatis, milites, doctores etc. cum baldechino ornato, ut moris est in talibus. Et cum aspectus regis videbitur, incipiat primicerius lectorum ecclesie Mediolanensis antiphonam:

Benedictus, qui venit in nomine domini, etc.

M_2 fol. 2v 3. Quando | est prope ad introitum baldichini, elevetur crux aurea per dominum archiepiscopum Mediolani ad osculum pacis et cantetur hec antiphona:

Elevate signum in bonum, quoniam dominus prope est, etc.

Clerus respondeat:

Universi, qui te expect<a>nt[b], *non confundentur.*

Successive cantetur psal(lenda):

Confortamini et iam nolite timere, ecce enim dominus iuditium retribuet. Ipse veni<e>t[c] *et omnes salvos faciet.*

4. Successive usque ad palatium regis cantetur:

Laudemus patrem de celis, etc.[d].

5. In die coronationis veniant cum magna processione in palatium regis episcopi suffraganei episcopaliter parati cum omnibus crucibus, ut mox

a) *fol. 1v ist unbeschrieben* b) expectent M_2 c) venit M_2 d) *in der Kurzfassung MO III A (siehe S. 95) folgt hier die Überschrift*: In die coronationis. Incipit ordo ad consecrandum regem

est in solempnitatibus incedere; et illi de centum cum primicerio suo more solito ornati.

6. Dicat unus episcoporum:

Dominus vobiscum. Oratio:

Omnipotens sempiterne deus, qui famulum tuum ill. regni fastigio dignatus es sublimare, tribue, quesumus, ut ita in huius seculi cursu conctorum in comune<*m*>[e] *salutem disponat, quatenus a | tue veritatis tramite non recedat. Per dominum nostrum.* *M_2 fol. 3r*

7. Deinde deducitur rex ab episcopis cum processione predicta usque ad ecclesiam beati Ambrosii, ducibus, marchionibus nobilibusque cum populo ipsos pontifices et regem comitantibus, clericis canentibus psal(lenda):

<Antiphona I:> *Benedices coronam anni* etc.

Antiphona II: *Beatus homo.*

<Antiphona> III: *Iocundus homo.*

<Antiphona> IIII: *In via peccatorum non stetit.*

<Antiphona> V: *Erit iustus.*

<Antiphona> VI: *Desiderabiliora.*

<Antiphona> VII: *Dicit dominus: 'Super quem'.*

<Antiphona> VIII: '*Sicut fui cum Moyse*' etc.

8. Serenissimus rex cum pervenerit ad basilicam constructam in honorem omnipotentis dei ac predicti doctoris beati Ambrosii, videlicet ad portam cortine ante atrium dicte basilice, ubi est columpna marmorea recta, recipiatur a domino archiepiscopo cum dominis o[rdinarii]s[f] ac offitialibus e[cclesie][g] Mediolanensis ac preposito, canonicis ac abbate et monacis dicte ecclesie cum pluvialibus, crucibus et turribulis. Et reverendissimus dominus archiepiscopus seu <archipresbyter>[h] pro eo porigat sibi crucem auream ad osculum pacis.

9. Et processionaliter pedester | deducatur usque ad portam predicte ecclesie cantantibus universis hanc antiphonam: *M_2 fol. 3v*

Ecce mitto[i] *angelum meum,* etc. usque ante altare dicte ecclesie.

10. Et ibi per dominum archiepiscopum dicatur hec oratio:

Deus, in cuius manu corda sunt regum, inclina ad preces humilitatis nostre aures misericordie tue, et imperatori nostro famulo tuo ill. regimen tue appone

e) comune *M_2* f) *nur* o[...]s *gut lesbar M_2* g) *nur* e[...] *gut lesbar M_2* h) *getilgt, darüber nur* rei *oder* rel *lesbar M_2* i) mito *M_2*

sapientie, ut austis de tuo fonte consiliis et tibi placeat et super omnia regna precellat. Per dominum nostrum.

11. Subsequenter colocetur ad locum ordinatum et apparatum pro ipso serenissimo rege et ibi cantetur antiphona:

Exaltent eum in ecclesia plebis, etc.

12. Ibi afferantur regalia et deponantur coram altari.

13. Tunc interrogetur ipse rex a domino archiepiscopo per hunc modum:

Vultis sanctas dei ecclesias ac rectores earum canonice institutos et se- (M_2 *fol. 4r*) *cundum religionem christianam | debitam viventes necnon et cunctum populum sibi et <v>obis*[j] *subiectum iuste ac religiose regali providentia defendere ac regere?*

14. Responsio regis:

Profiteor, in quantum divino fultus adiutorio ac solatio omnium fidelium meorum valuero, ita me per omnia esse acturum; et ita iuro et promitto.

15. Tunc predictus pontifex se preparet ad missam celebrandam. Et incipiatur missa per confessionem predicti pontificis una cum predicto rege. Tunc fient letanie et hymnus:

Veni creator spiritus.

16. Postea cantores incipiant introytum misse. Deinde predictus dominus archiepiscopus incipiat hymnum angelorum:

Gloria in excelsis, etc.

17. Oratio super populum:

Deus, qui discipulis tuis spiritum sanctum paraclitum in ignis fervore tui amoris mittere dignatus es, da populis tuis in unitate fidei esse ferventes, ut in (M_2 *fol. 4v*) *tua semper dilectione | permanentes et in fide inveniantur stabiles et in opere efficaces.*

18. Alia oratio:

Deus, regnorum omnium salvator et christiani protector imperii, da servo tuo N., imperatori nostro, triumphum virtutis scienter excollere, ut, qui tua institutione imperat, tua semper tuitione triumphet. Per dominum nostrum

j) nobis M_2

Iesum Christum, filium tuum, qui tecum vivit et regnat in unitate eiusdem spiritus sancti deus per omnia secula seculorum.

19. Postea ascendat unus ex subdiaconibus, legat lectionem. Versiculi<s>[k] decantati<s>[k] unus ex diaconibus ascendat pulpitum et cantet epistolam cum *Dominus vobiscum*, etc.

20. Cumque cantatum fuerit epistola et *Alleluia*, procedat serenissimus rex ad altare genu flexo et ibi fiet unctio in capite seu in vertice de oleo exorzizato per predictum dominum archiepiscopum. Et cantent clerici antiphonam:

Dillexisti iustitiam et odisti iniquitatem, propterea unxit te deus, etc.

| 21. Post hec dominus archiepiscopus dicat hanc orationem: *M_2 fol. 5r*

Domine, deus omnipotens, cuius est omnis potestas et dignitas, te supplic<i>[l] *devotione atque humilima prece deposcimus, ut huic famulo tuo ill. prosperum imperatorie dignitatis concedas effectum, ut in tua dispositione constituto ad regend<a>m*[m] *ecclesiam tuam sanctam, nichil ei presentia offitiant, futura nichil obsistant, sed inspirante sancti spiritus dono populum sibi subditum equo iustitie libramine regere valeat et in omnibus operibus suis te semper timeat tibique iugiter placere contendat. Per dominum nostrum.*

22. Alia oratio:

Deus, dei filius, Iesus Christus, dominus noster, qui a patre oleo exultationis unctus est pre participibus suis, ipse per presentem sacri ung<u>inis[n] *infusionem spiritus paracliti super caput tuum infundat benedictionem* ✚ *eandemque usque ad interiora cordis tui penetrare faciat*[o], *qua|tenus hoc visibili et* *M_2 fol. 5v*
tractabilli dono invisibilia percipere et temporali regno iustis miserationibus executo eternaliter corregnare ei merearis. Qui solus sine peccato rex regum vivit et gloriatur cum deo patre in unitate eiusdem spiritus sancti deus per omnia secula seculorum. Amen.

23. Hic detur annulus a metropolitano:

Accipe regie dignitatis annulum et per hunc catholice fidei in te cognosce signaculum, quia, ut sicut hodie ordinaris caput ac princeps regni et populi, ita perseverabis auctor ac stabilitor christianitatis et christiane fidei et per hunc scias triumphali potentia hostes repellere, hereses destruere, subditos

k) versiculi decantati *M_2* l) supplicantibus *M_2, emendiert nach KO I, 7 etc. und Kurzfassung MO III A (siehe S. 95 Anm. f)* m) regendum *M_2* n) ungiminis *M_2* o) fatiat *M_2*

coad<un>are[p] *et necti persevera<bi>litati*[q] *fidei catholice, ut felix in opere, locuples in fide*[r] *cum rege regum glorieris in eternitate. Per eum, cui est honor et gloria per infinita secula seculorum. Amen.*

24. Post hec a domino archiepiscopo accipiat ensem dicente:

M_2 fol. 6r | *Accipe gladium per manus pontificis, licet indignas, vice tamen <et>*[s] *auctoritate sanctorum apostolorum consecratas tibi regaliter impositum nostreque benedictionis officio in defensionem sancte dei ecclesie divinitus ordinatum, et esto memor, de quo psalmista prophetavit dicens: 'Accingere gladio tuo super femur tuum, potentissime'*[1], *ut in hoc per eundem vim exerceas equitatis, molem iniquitatis potenter destruas et sanctam dei ecclesiam eiusque fideles propugnes ac protegas nec minus sub fide falsos quam christiani nominis hostes execres et destruas, viduas et pupilos clementer adiuves et defendas, restaures desolata, conserves restaurata, ulciscaris iniusta, confirmes bene disposita, quatenus hoc agendo virtutum triumpho gloriosus iustitieque cultor egregius, cuius cum mundi salvatore typum geris in nomine, sine fine merearis regnare. Qui cum patre et spiritu sancto vivit et regnat in secula seculorum. Amen.*

M_2 fol. 6v | 25. Post hec dominus archiepiscopus coronam capiti regis cum episcopis suis imponat et dicat:

Accipe coronam regni, que, licet ab indignis manibus capiti tuo imponitur quamque sanctitatis gloriam et honorem ac opus fortitudinis expresse signare intelligas et per hanc te participem ministerii nostri non ignores ita, ut, sicut nos in interioribus pastores rectoresque animarum intelligimur, tu quoque in exterioribus verus dei cultor strenuusque contra omnes adversitates ecclesie Christi defensor regnique a deo tibi dati et per offitium nostre benedictionis vice apostolorum omniumque sanctorum tuo regimini a deo comissi utilis executor regnatorque perspicuus semper appareas, ut inter gloriosos atlethas virtutum gemis ornatus et premio sempiterne felicitatis coronatus cum redemptore ac salvatore, Iesu Christo, cuius nomen vicemque gestare crederis, sine fine glorieris. Qui vivit et imperat deus cum patre in unitate | *M_2 fol. 7r* *spiritus sancti per omnia secula seculorum.*

p) coadiuvare M_2 q) perseveralitati M_2 r) *folgt* ut M_2 s) *fehlt* M_2

1) *Ps. 44, 4.*

26. Hic detur ei septrum et pomum aureum per antedictum pontificem:

Accipe septrum regie potestatis insigne, virgam regni, virgam virtutis, qua te ipsum bene regas sanctamque ecclesiam et populum videlicet christianum tibi a deo comissum regia virtute defendas ab improbis, pravos corrigas, rectos pacifices et, ut viam rectam tenere possint, tuo iuvamine dirigas, quatenus de temporali regno ad eternum regnum pervenias ipso adiuvante, cuius regimen et imperium sine fine permanet in secula seculorum.

27. Tunc benedicat eum dominus archiepiscopus dicens:

Dominus vobiscum etc.

Benedic, domine, hunc regem nostrum, qui regna omnium moderaris a seculo. Et tali eum benedictione glorifica, ut Davitice teneat sublimitatis septrum et glorificatus in eius protinus reperiatur merito. Per dominum.

28. Unus ex episcopis in maiori statu | co<n>stitutus[t] dicat hanc orationem: *M_2 fol. 7v*

Dominus vobiscum.

Extendat omnipote<n>s[u] *deus dextera<m>*[v] *sue benedictionis et effundat super te donum sue protectionis et circundet muro felicitatis ac custodia sue propitiationis, sancte Marie ac beati Petri apostolorum principis sanctique Ambrosii atque omnium sanctorum intercedentibus meritis. Per dominum.*

29. Alter episcopus sequens dicat:

Dominus vobiscum.

Victoriosum te atque triumphatorem de invisibilibus atque visibilibus hostibus semper effitiat et sancti nominis sui timorem pariter et amorem continuo cordi tuo infundat et in fide recta ac bonis operibus perseverabilem redat et pace in diebus tuis concessa cum palma victorie te ad perpetuum regnum perducat. Per dominum.

30. Hiis autem peractis chorus dicte ecclesie sancti Ambrosii, tam canonici quam monaci pluvialibus induti et ornati, ut supra dictum est, unanimiter alta voce dicant:

Te deum laudamus.

Cete|ri vero clerici respondeant: *M_2 fol. 8r*

Te Dominum confitemur, et sic alternando usque in finem.

t) costitutus *M_2* u) omnipotes *M_2* v) dextera *M_2*

31. Post <hec>[w] ascendat serenissimus imperator ad locum sibi paratum et ibi stet in pede recto[x] versus pulpitum donec decantatum fuerit evangelium. Finito vero sedeat in trono suo usque ad munus offerendum. Sequitur missa.

32. Oratio super syndonem:

Presta, quesumus, omnipotens deus, ut qui tue maiestatis effectu per filii tui mirabile sacramentum cooperante sancto spiritu sunt renati, celestis vite fiant conversatione perpetui.

33. Alia oratio:

Omnipotens sempiterne deus, qui de plebe tua imperii fastigio famulum tuum N. dignatus es sublimare, fac eum humilitatis, iustitie ceterarumque virtutum bono exuberare, ut a tue veritatis tramite non recedat et a<d>[y] *te, qui vita es, gratiosus perveniat. Per dominum nostrum Iesum Christum, filium tuum, qui tecum vivit et regnat in unitate eiusdem spiritus sancti deus per* *M_2 fol. 8v* *omnia secu|la seculorum.*

34. Sequitur oblatio panis et vini. Qua facta imperator corona deposita ad altare accedat et ibi offerat munus ad decorem et ornamentum dicti altaris. Qua oblatione sic facta precipiatur per dominum prepositum et canonicos dicte ecclesie, qui aderunt ad custodiam predicti altaris, donec dispensetur ad voluntatem prefati imperatoris. Et sic facto redeat ad locum suum cum diadema in capite et ibi stet usque ad receptionem corporis et sanguinis domini nostri Iesu Christi. Et tunc se preparet ad recipiendum sacram comunionem ante altare de manu prefati pontificis.

35. Et subsequenter procedat dominus archiepiscopus missam. Et cantata offerenda dicat:

Dominus vobiscum.

Symbolum: *Credo in unum deum.*

36. Quo finito sequitur oratio super oblatam:

Presta, quesumus, domine, ut secundum promissionem filii tui, domini nostri Iesu Christi, spiritus sanctus et huius nobis sacrifitii copiosius revelet *M_2 fol. 9r* *archanum et omnem propitius reseret | veritatem.*

w) *fehlt* M_2 x) receto M_2 y) a M_2

37. Alia oratio:

Munera, domine, quesumus, oblata sanctifica, ut et nobis unigeniti tui corpus et sanguis fiant et N. imperatori nostro ad optinendam anime corporisque salutem et ad peragendum iniunctum offitium te largiente usquequaque profitiat. Per eundem dominum nostrum Iesum Christum, filium tuum, qui tecum vivit et regnat in unitate eiusdem spiritus sancti deus per omnia secula seculorum.

38. Prefatio:

V<ere dignum>[z]. *Eterne deus, per Christum dominum nostrum, per quem te supplices rogamus et petimus, ut sicut nobis eterne securitatis aditum, passione domini nostri Iesu Christi et spiritus sancti inluminatione reserasti, sic etiam tranquilitatem vite presentis indulgeas, per quam tanti doni participes devotio quieta proficiat et negligentie terror illatus ad fidei transferatur augmentum. Per eundem.*

39. Fiat sermo ante | elevationem sacramenti. Et sequitur missa, ut moris est, data pace ante comunionem. Et facta comunione per dominum archiepiscopum serenissimus rex accedat ad altare deposita corona et recipiat comunionem de manu prefati domini archiepiscopi. *M_2 fol. 9v*

40. Et si<c>[a] facta comunione dicantur orationes post comunionem:

Hec nobis, domine, munera sumpta profitiant, ut illo iugiter ferveamus spiritu, quem apostolis tuis ineffabiliter infudisti.

41. Alia oratio:

Hec, domine, salutaris sacramenti perceptio peccatorum nostrorum maculas diluat et N., imperatorem nostrum, ad regendum secundum tuam voluntatem populum ydoneum reddat, ut hoc salutari misterio contra visibiles et invisibiles hostes reddatur invictus, per quod mundus est divina dispensatione redemptus. Per dominum nostrum Iesum Christum, filium tuum, qui tecum vivit et regnat in unitate eiusdem spiritus sancti deus per omnia secula seculorum.

42. Et finita missa accipiat rex pon|tificalem benedictionem reverenter. *M_2 fol. 10r*

43. Quo facto a suis baronibus assotietur ad palatium suum.

z) *Initiale schwer zu deuten M_2, wahrscheinlich handelt es sich um ein unziales* V *mit Kreuz zwischen den Cruren.* a) si *M_2*

Ordo ad benedicendum reginam.

1*. Debet regina adduci ad ecclesiam cum honore et in ipso <in>gressu[b] dicat dominus archiepiscopus:

2*. *Omnipotens sempiterne deus, fons et origo totius bonitatis, qui feminei sexus fragilitatem nequaquam reprobando a<d>ver<sa>ris*[c], *sed dignanter comprobando potius eligis et qui infirma mundi eligendo fortia queque confundere decrevisti quique etiam glorie virtutisque tue triumphum in manu Iudith, femine olim Iudaice, plebi de hoste sevissimo resignare voluisti, respice, quesumus, ad preces humilitatis nostre, et super hanc famulam tuam ill., quam supplici devotione in reginam eligimus, bene✚dictionum tuarum dona multiplica eamque dextera tue potentie semper et ubique circunda, ut in* M_2 *fol. 10v* *benedictione tui muniminis undique firmi|ter protecta visibilis seu invisibilis hostis nequitias triumphaliter expugnare valeat et una cum Sarra atque Rebeca, Lia atque Rachele, beatis reverendisque feminis, fructu uteri sui fecundari seu gratulari mereatur ad decorem totius regni statumque sancte dei ecclesie regendum necnon et protegendum. Per Christum, dominum nostrum, qui ex intemerate beate virginis Marie alvo nasci, visitare ac renovare hunc dignatus est mundum. Qui tecum vivit et gloriatur deus in unitate spiritus sancti per imortalia secula seculorum. Amen.*

3*. Tunc intret ecclesiam et prosternat se ante altare ad orationem. Et post pusilum ab ipsis <episcopis>[d] elevata inclinet caput suum et archiepiscopus consecrat eam hoc modo:

4* *Deus, qui solus habes imortalitatem lucemque habitas inaccessibilem, cuius providentia in sui dispositione non fallitur, qui fecisti ea, que futura sunt, et vocas ea, que non sunt, tamquam ea, que sunt; qui superbos equo mo-* M_2 *fol. 11r* *deramine de prin|cipatu deicis atque humiles dignanter in sublime provehis, ineffabilem misericordiam tuam supplices exoramus, ut sicut Hester reginam Israhelitice <causa>*[e] *salutis de captivitatis sue compede solutam ad regis Assueri thalamum regnique sui consortium transire fecisti, ita hanc famulam tuam ill. humilitatis nostre bene✚dictione christiane plebis gratia salutis ad dignam sublimemque regis nostri copulam et regni sui participium transire misericorditer concedas, et ut in regalis federe coniugii semper permanens pudica proximam virginitati palmam continere queat tibique deo vivo et vero*

b) regressu M_2 c) aveteris M_2 d) *fehlt* M_2 e) eam M_2

in omnibus et super omnia iugiter placere desideret et te inspirante, que tibi placita sunt, toto corde perquirat. Per.

5*. Tunc super scapulas capitis[2] eius fondat dominus archiepiscopus oleum sanctum ad modum crucis et dicat hec verba:

In nomine patris et filii et spiritus sancti prosit tibi hec unctio olei in honorem et consecrationem eternam.

6*. Sequitur oratio:

| *Spiritus sancti gratia nostre humilitatis officio in te copiosa descendat, ut,* *M₂ fol. 11v* *sicut manibus nostris, licet indignis, oleo materiali linita pinguescis exterius, ita eius invisibili ung<u>ine*[f] *delibuta impinguari merearis interius eiusque spirituali unctione perfectissime semper imbuta et illicita declinare tota mente et spernere discas et valeas et utilia anime tue cogitare, iugiter optare atque operari queas et opereris auxiliante domino nostro, Iesu Christo. Qui cum patre et spiritu sancto vivit et regnat.*

7*. Hic detur ei anulus:

Accipe anulum fidei, signaculum sancte trinitatis, quo possis omnes pravitates hereticas devitare et barbaras gentes virtute tibi prestita ad <agnitionem>[g] *veritatis vocare. Per Christum dominum.*

8*. *Omnium fons bonorum, domine, et cunctorum doctor pro<v>ectuum*[h], *tribue famule tue adeptam | bene regere dignitatem et a te sibi prestitam in* *M₂ fol. 12r* *omnibus operibus corrobora gloriam. Per dominum nostrum.*

9*. Hic coronetur dicendo:

Accipe coronam glorie, honorem iocunditatis, ut splendida fulgeas et eterna exultatione coroneris. Per Christum dominum nostrum.

10*. Sequitur:

Officio nostre indignitatis in reginam solemniter benedictam accipe coronam regalis excellentie, que, licet ab indignis, episcopalibus tamen manibus capiti tuo imponitur, unde, sicut exterius auro et gemis redimita enites, ita interius auro sapientie virtutumque gemis decorari contendas, quatenus post occasum huius seculi cum prudentibus virginibus sponso perhenni, domino nostro, Iesu Christo, digne et laudabiliter occurrens regina celestis aule merearis

f) ungimine M_2 g) *fehlt* M_2 h) pronectum M_2

2) *Siehe dazu die Einleitung S. 32*

ingredi ianuam auxiliante eodem domino nostro, Iesu Christo, qui cum deo *M_2 fol. 12v* *patre et spiritu sancto vivit et regnat per | infinita secula seculorum.*

11*. Sequitur oratio:

Omnipotens sempiterne deus, affluentem spiritum tue benedictionis <s>uper[i] *famulam tuam nobis orantibus propitiatus infunde, ut, que manus nostre imposition<e>*[j] *hodie regina efficitur, sanctificatione tua digna et ellecta permaneat, ut nunquam postmodum de tua gratia sep<a>retur*[k] *indigna.*

i) fuper M_2 j) impositioni M_2 k) seperetur M_2

III A. Der Ordo von Sant'Ambrogio (Kurzfassung)

1. Dum serenissimus rex Romanorum ... *(= MO III, 1; siehe S. 84)*

2. Et ibidem ordinate extensi ... *(= MO III, 2; siehe S. 84)*

3. Quando est prope ad introitum ... *(= MO III, 3; siehe S. 84)*[a]

4. Successive usque ad palatium ... *(= MO III, 4; siehe S. 84)*

In die coronationis. Incipit ordo ad consecrandum regem

5. Veniant cum magna processione ... *(= MO III, 5; siehe S. 84 f.)*[b]

6. Dicat unus episcoporum: *Dominus vobiscum* ... *(= MO III, 6; siehe S. 85)*[c]

7. Deinde deducitur rex ab episcopis ... *(= MO III, 7; siehe S. 85)*

8. Serenissimus rex cum pervenerit ad basilicam ... *(= MO III, 8; siehe S. 85)*

9. Et processionaliter pedester deducatur ... *(= MO III, 9; siehe S. 85)*

10. Et ibi per dominum archiepiscopum ... *(= MO III, 10; siehe S. 85 f.)*[d]

11. Subsequenter colocetur ad locum ordinatum ... *(= MO III, 11; siehe S. 86)*

12. Ibi afferantur regalia ... *(= MO III, 12; siehe S. 86)*

13. Tunc interrogetur ipse rex ... *(= MO III, 13; siehe S. 86)*[e]

14. Responsio regis: *Profiteor* ... *(= MO III, 14; siehe S. 86)*

15. Tunc predictus pontifex se preparet ... *(= MO III, 15; siehe S. 86)*

16. Postea cantores incipiant introytum ... *(= MO III, 16; siehe S. 86)*

17. Et missa de spiritu sancto cum colecta regis, videlicet: *Deus regnorum omnium* etc.

18. Postea ascendat unus ex subdiaconibus ... *(= MO III, 19; siehe S. 87)*[f]

19. Cumque cantatum fuerit epistola et *Alleluia* ... *(= MO III, 20; siehe S. 87)*

a) qui te expectent *statt* qui te expectant *M3* b) in die coronationis *fehlt M3, siehe aber schon die gleichlautende Überschrift* c) oratio *fehlt, es ist eine Lücke diesen Umfangs M3* d) per dominum nostrum *fehlt M3* e) sibi et nobis *statt* sibi et vobis *M3* f) versiculi vero decantati *statt* versiculis decantatis *M3*

20. Post hec dominus archiepiscopus dicat ... *(= MO III, 21; siehe S. 87)*[g]

21. Alia oratio: *Deus, dei filius* ... *(= MO III, 22; siehe S. 87)*[h]

22. Hic detur annulus a metropolitano ... *(= MO III, 23; siehe S. 87 f.)*[i]

23. Post hec a domino archiepiscopo accipiat ensem ... *(= MO III, 24; siehe S. 88)*[j]

24. Post hec dominus archiepiscopus coronam ... *(= MO III, 25; siehe S. 88)*[k]

25. Hic detur ei septrum et pomum aureum ... *(= MO III, 26; siehe S. 89)*[l]

26. Tunc benedicat eum dominus archiepiscopus ... *(= MO III, 27; siehe S. 89)*[m]

27. Unus ex episcopis in maiori statu constitutus ... *(= MO III, 28; siehe S. 89)*[n]

28. Alter episcopus sequens dicat ... *(= MO III, 29; siehe S. 89)*

29. Hiis autem peractis chorus dicte ecclesie ... *(= MO III, 30; siehe S. 89)*

30. Post hec ascendat serenissimus imperator ... *(= MO III, 31; siehe S. 90)*[o]

31. Facta oblatione panis et vini ... *(= MO III, 34; siehe S. 90)*[p]

32. Subsequenter finiatur missa. ... *(= MO III, 42; siehe S. 91)*[q]

33. Quo facto a suis baronibus ... *(= MO III, 43; siehe S. 91).*

34. Sermo vero fiet in missa ante consecrationem corporis Christi[r].

g) supplici devotione M_3 h) sequitur oratio alia *statt* alia oratio M_3 i) ut sic *statt* ut sicut *hier* M_3 – perseverabiliti *statt* persevera<bi>litati M_3 j) et spiritu sancto *bis* Amen *fehlt* M_3 k) ministerium *statt* ministerii M_3 - ut sic *statt* ut sicut M_3 – *nach* quoque in *folgt erneut* in M_3 - imperat *statt* regnat M_3 – secula seculorum *fehlt* M_3 l) comissii *statt* comissum M_3 m) cum *statt* eum M_3 n) dextera *statt* dexteram M_3 o) sequitur missa *fehlt* M_3 p) Facta oblatione *statt* sequitur oblatio M_3 - tunc *statt* qua facta M_3 - dicti altaris *statt* predicti altaris M_3 - canonicos *statt* canonicis M_3 – dicti imperatoris *statt* prefati imperatoris M_3 q) *Vgl. MO III, 42:* Et finita missa accipiat rex pontificalem benedictionem reverenter statt Subsequenter finiatur missa etc. M3 r) *Vgl. MO III, 39:* Fiat sermo ante elevationem sacramenti etc.

IV. Der Ordo von 1431

| Ordo servandus ad benedicendum et coronandum dominum regem Italie venturum ad coronationem in civitate Mediolani in ecclesia sanctissimi doctoris Ambrosii eiusdem pretacte civitatis[1]. *M₄ fol. 21r*

1. Imprimis cum scitur adventus domini regis coronandi, convocetur universus clerus quorumcumque ordinum ad ecclesiam maiorem Mediolanensem. Ad quam congregationem veniant omnes cum reliquiis sanctorum, thuribulis, crucibus et apparatibus honoratius quam fieri et haberi poterit.

2. Quibus congregatis sollemnius quam poterit procedant ordinate occurrendo in adventu domini regis coronandi ad introytum suburbii, quando dominus coronandus intraturus est. Et ibidem ordinate extensi secundum convenientiam uniuscuiusque ordinis expectent adventum domini regis.

3. Cuius cum aspectus videbitur, incipiat primicerius lector ecclesie Mediolanensis cum suis lectoribus sequentibus omnibus aliis ordinibus antiphonas infrascriptas, prout conveniunt locis per que transitum facturus est dominus coronandus, interserendo etiam antiphonas et psalentium dominicarum, videlicet *Laudemus* etc., quousque fuerit ad palatium eidem preparatum.

4. Sequitur antiphona seu psalenda, quando videtur a longo:
Mediolanum surge et vide iocunditatem, que venit tibi a deo tuo.

5. Quando magis appropinquatur:
Aspiciens a longe ecclesie video dei potentiam venientem et nebulam totam terram tegentem.
Item obviam ei.

6. Quando prope est, elevetur crux aurea et cantetur:
Elevate signum, quoniam dominus prope est.

7. Item:
Benedictus, qui venit in nomine domini.

1) *Zur Überschrift siehe die Einleitung S. 37 Anm. 128.*

8. Quando porrigitur ei crux, cantetur:
Universi, qui te expectant, non confundentur. Ipsi hereditabunt terram.

9. Quando incipit progredi post clerum cantetur:
Canite tuba fundamenta terre, clamate montes in adventum domini.

10. Item prosequatur cantando:
M_4 *fol. 21v* | *Iustitia ante eum ambulabit et ponet in via gressus suos.*

11. Item alia:
Lapides, qui sunt in via, removete, ecce dominus.

12. Quando intrant portas civitatis:
Transite, transite per portas domini, planum facite iter et erigite lapides et elevate signum in gentes. Ecce dominus auditam fecit ab extremo terre. Intueamini, quantus sit iste, qui ingreditur ad salvandum populos. Iste est rex iustitie.

13. Item subsequenter:
Confortamini et iam nolite timere, ecce enim dominus iudicium retribuet. Ipse venit et omnes salvos faciet.

14. Cum iis psalentiis et alio dominicali procedatur usque ad descensum prelibati serenissimi regis.

Modus vero servandus, cum serenissimus rex coronandus committatur ab introitu suburbii usque ad aulam seu ad palatium, ubi descendere debet, talis est.

15. Imprimis ad caput suburbii preparatus sit baldechinus ornatissimus portandus supra caput domini coronandi et, cum intrat suburbium, elevetur extensus super eius caput. Item eius baldechinum portent comites palatini. Item ipsum regem adextrent doctores et milites alternatim et mixtim ordinati, videlicet a dextra primus sit unus doctor, quem sequatur unus milex et post militem unus doctor. Et sic ulterius usque ad numerum electorum ad hoc. Item ipsum dominum imperatorem seu coronandum precedat i<llustrissimus> dominus, dominus ..[a] dux Mediolani, qui ensem iustitie ante ipsum dominum coronandum deferat.

a) *Lücke von circa 2 Buchstaben für den Namen des Mailänder Herzogs (bzw. seine Initialen)* M_4

16. Item in isto progressu domini coronandi sit precedens eius camerarius vel seneschalcus, qui spargat missilia ad compita viarum, ut via magis patefiat.

17. Quia vero non potest sciri, qui princeps vel qui legati seu prelati sint ibi tunc temporis, nescio bene ordinare de prioritate vel posterioritate prelatorum et principum.

18. Sed unum sciendum est, quod, si non aderit legatus domini pape, quod dominus archiepiscopus Mediolani debet esse pariter cum domino rege equitans a dextris. Si autem esset legatus, tunc ipse legatus a dextris et dominus archiepiscopus a sinistris equitabunt.

In die coronationis servetur modus infrascriptus.

19. Destrandus est per habenas a domino potestate et vicario provisionum ab aula usque ad cortinam sancti Ambrosii et post sequentibus doctoribus et militibus, ut supra notatum est, ubi eo descendente equs tradendus est, cui inseder<a>t[b] ille.

20. Cum vero descendit ad cortinam sancti Ambrosii, tunc ante porticum stant dominus abbas sancti Ambrosii et dominus prepositus et canonici sancti Ambrosii cum eorum comitiva induti sollemniter et cum cruce processionali.

21. Qui dominus coronandus dum descendet ab equo, accipit tres pugillatas denariorum de gremio camerarii et proiicit inter populum dicendo: *Aurum et argentum non est michi. Quod autem habeo, tibi do.*

22. Et cantando dicti abbas | et canonici ducunt eum per porticum ad *M4 fol. 22r*
ecclesiam sancti Ambrosii.

23. Interim dominus archiepiscopus cum omnibus ordinibus suis se preparet in secretario tanquam celebraturus missam et processionaliter usque ad sugestum aree, id est gradum, quod est ante altare, et ibi super faldistorium sedeat, cum consedentibus a parte dextra episcopis et presbiteris, a sinistra diaconis cardinalibus et ordinariis et in proximiori gradu subdiaconis et accolitis, primicerio et cantoribus astantibus circa illos cum magnatibus et nobilibus, officialibus et ministralibus aule archiepiscopatus.

b) insederit *M4*

24. Tunc dominus rex cum archiepiscopis episcopis et principibus et magnatibus suis ascendit ad dominum archiepiscopum reverenter et osculatur ei manum et os et amplectitur offerens dicto domino archiepiscopo aurum, quantum ipsi domino regi placuerit, thipo magorum, qui aurum domino obtulerunt.

25. Tunc dominus archiepiscopus tenens dominum regem a parte dextra et archipresbiter[c] presbiterorum cardinalium et ordinariorum a parte sinistra ducant eum usque ad capellam sancti Sathiri, que est versus monasterium: Sociatus suis principibus et prelatis et ibi ab abbate, preposito, canonicis et monachis sancti Ambrosii reverenter recipiatur, ubi ante altare a maiori subdiacono evangelii testum tenente, rex super eum corporaliter tale prestet sacramentum[d].

26. Sacramentum, quod debet prestari per dominum regem:

Ego enim ....[e], *rex Romanorum annuente domino futurus imperator spondeo et polliceor atque voveo coram deo et beato Ambrosio, eximio ecclesie doctore, me de cetero protectorem ad defensam fore archiepiscoporum successorum beatissimi Ambrosii et sancte Mediolanensis ecclesie in omnibus suis necessitatibus et utilitatibus custodiendo et conservando omnes suas bonas consuetudines, possessiones et iura, quantum divino fultus adiutorio fuero, secundum scire et posse mei recta et pura fide. Sic me deus adiuvet et hec sancta dei evangelia.*

27. Item procedit sic dominus archiepiscopus cum ordinibus suis ad altare beati Ambrosii et facta ibi oratione vadit ad sedem suam preparatam et post sacramentum ibi ante predictum altare sancti Sathiri a predictis et preposito induatur regalibus insigniis dato ipsius pallio camerario domini archiepiscopi.

28. Quo facto prefati domini abbas et prepositus cum eorum clericis cantantibus *Petre amas me* etc. perveniant ad introitum chori domino potestate Mediolani et primicerio seu priore iudicum Mediolani <deducentibus eum>[f].

29. Et archipresbiter ecclesie Mediolanensis dicat hanc orationem super eum:

Dominus vobiscum. Resp.: *Et cum spiritu tuo.*

c) *korr. nach Elze;* archipresbiterum M_4 d) *davor* sat *gestrichen* M_4 e) *Lücke von circa zwölf Buchstaben (für den Namen des Königs)* M_4 f) *erg. nach Elze*

Oratio:
Deus, in cuius manu corda sunt regum etc.

30. Cum erit in medio chori, presbiter cardinalium seu ordinariorum dicat hanc orationem super eum:
Dominus vobiscum. Resp.: *Et cum spiritu tuo.*
Deus, in<enar>rabilis[g] *auctor mundi, conditor generis humani* etc.

31. Cum autem pervenerit ad cancellas, prosternat se pronus in terram et archipresbiter faciat super eum letaniam.

32. Qua finita primicerius presbiterorum dicat:
Pater noster. Et ne nos. Resp.: *Sed libera nos.*
Vers.: *Salvum fac servum tuum.* Resp.: *Deus meus sperantem in te.*
Vers.: *Esto ei, domine, turris fortitudinis.* Resp.: *A facie inimici.*
Vers.: *Nichil proficiat inimicus in eo.* Resp.: *Et filius iniquitatis.*
Vers.: *Domine, exaudi orationem meam.* Resp.: *Et clamor meus ad te perveniat.*
Vers.: *Dominus vobiscum.* Resp.: *Et | cum spiritu tuo.* *M_4 fol. 22v*

33. Oratio:
Pretende, quesumus, famulo tuo etc.

34. Oratio:
Actiones nostras, quesumus, domine, asperando perveni etc.

35. Post hec precedat ad altare sancti Ambrosii et existens dominus archiepiscopus eum ungat in modum crucis de oleo exorcizato brachium dextrum et inter scapulas hanc orationem dicendo:
Dominus vobiscum. Resp.: *Et cum spiritu tuo.*

36. *Domine omnipotens, cuius est omnis potestas* etc.

37. Sequitur oratio:
Deus, dei filius, Iesus Christus, <dominus>[h] *noster* etc.

38. Et ipsum recipiat dominus archiepiscopus ad osculum pacis. Indeque dominus rex procedat ad pulpitum vel ambonem, ubi sit thalamus constructus de lignis et ornatus de palliis aureis et honorifice et ibi cum

g) *korr. nach Elze;* incurabilis *M_4* h) *fehlt M_4*

suis archiepiscopis, episcopis, principibus et magnatibus secundum capacitatem loci consistat.

39. Primicerius autem et scola cantorum in choro decantet ingressum misse et post decantatum himpnum[i] angelicum *et in terra pax* etc., dominus archiepiscopus dicit orationem, que convenit illi diei sive alterius misse, prout dispositum erit de missa dicenda.

40. Et secundo dicit hanc orationem:
Deus, regnorum omnium et christiani maxime[j] *protector imperii* etc.

41. Secreta oratio:
Suscipe, domine, preces et hostias ecclesie tue pro salute famuli tui etc.

42. Post coronationem oratio:
Deus, qui ad predicandum eterni regni evangelium Romanum[k] *imperium preparasti* etc. usque ad lectam epistolam et cantato *Alleluya*.

43. Tunc rex procedat processionaliter adhuc ad altare, ubi dominus archiepiscopus est. Et qui dominus archiepiscopus imponit sibi coronam ferream dicendo:
Ecce tibi trado coronam ferream rubigine plenam, quam, si purgabis, totum te clarificabit.

44. Et imponendo sibi capiti suo dicit:
Accipe signum glorie, diadema regni, in nomine patris et filii et spiritus sancti. Amen. Ut spreto antiquo hoste spretisque contagiis vitiorum omnium, sic iustitiam misericordiam et iudicium diligas et ita iuste et misericorditer et pie vivas, ut ab ipso domino nostro Iesu Christo in consortio sanctorum eterni regni coronam accipias. Qui cum patre etc.

45. Deinde tradit ei <sceptrum in manu>[l] dextra dicendo:
Omnis anima sublimioribus potestatibus subdita sit.

46. Et idem tradit pomum aureum dicendo:
Iudicabis nationes et dominaberis populis.

47. Quibus peractis dominus archiepiscopus dicit has orationes super eum:
Vers.: *Dominus vobiscum*. Resp.: *Et cum spiritu tuo.*

i) *davor getilgt* ymmum M_4 j) *davor getilgt* proxime M_4 k) *folgt erneut* romanum M_4
l) *korr. nach Elze;* septem in viam M_4

48. Oratio:

| *Prospice, quesumus, omnipotens deus ser<enis>*[m] *ob<tutibus>*[m] etc. *M_4 fol. 23r*

49. *Benedic, domine, quesumus, hunc principem nostrum, quem ad salutem populi nobis a te credimus esse concessum. Fac annis esse multiplicem, salubri corporis*[n] *robore ingentem, ad senectutem <o>ptata<m>*[o] *pervenire felicem. Sit nobis fiducia obtinere gratiam populo, quam Aaron in tabernaculo, Eliseus in fluvio, Ezechias in lecto, Zacharias vetulus impetravit in templo. Sit nobis regendi auctoritas, qualem Iosue suscepit in castris, Gedeon sumpsit in preliis, Petrus accepit in clave, Paulus est usus in dogmate et ita pastorum cura tuum perficiat in ovile, sicut Ysaac perfecit in fruge et Iacob est dilatus in grege. Quod ipse prestare digneris, qui vivis et regnas et gloriaris deus.*

50. Alia oratio:

Deus, pater eterne glorie, sit adiutor tuus et protector et omnipotens bene ✠ dicat tibi, preces tuas in cunctis exaudiat et vitam tuam longitudine dierum adimpleat, thronum regni tui iugiter firmiter et gentem populumque tuum in eternum conservet et inimicos tuos confusione induat et super te sancti ✠ ficatio Christi floreat, ut, qui tibi tribuit in terris imperium, ipse in celis conferat premium. Per.

51. His ita gestis dominus archiepiscopus sumit de altari gladium evaginatum et ei tradit sic dicens:

Accipe gladium desuper beati Ambrosii corpore sumptum per nostras manus indignas, vice tamen et auctoritate sanctorum apostolorum consecratas, imperialiter tibi concessum nostreque ✠ benedictionis officio in defensionem sancte dei ecclesie divinitus ordinatum ad vindictam malefactorum, laudem vero beatorum. Et memor esto, de quo psalmista prophetavit dicens: 'Accingere gladio tuo circa femur tuum, potentissime'[2]*, ut in hoc per eundem vim equitatis exerceas, molem*[p] *iniquitatis potenter destruas et sanctam dei ecclesiam eiusque fideles propugnes ac protegas nec minus sub fide falsos quam christiani nominis hostes ex<ec>res*[q] *ac dispergas, viduas et pupillos clementer adiuves ac defendas, desoluta restaures, restaurata reserves, ulciscaris iniusta, confirmes bene disposita, quatenus in hoc agendo virtutum triumpho gloriosus iustitieque cultor egregius cum mundi salvatore, cuius tipum geris in nomine, sine fine regnare merearis. Qui cum patre deo vivit.*

m) *korr. nach Elze;* servis ob M_4 n) *folgt gestrichenes* corpore M_4 o) aptata M_4 p) mollem M_4 q) exteres M_4

2) *Ps. 44, 4.*

52. His verbis expletis dominus archiepiscopus accingit illum ensem in vagina repositum sic dicens:

Accingere gladio tuo super femur tuum, potentissime, et attende, quia sancti non gladio, sed per fidem vicerunt regna.

53. Mox ut coronatus ense fuerit accinctus, eximit eum de vagina viriliterque ter illum vibrat et continuo illum vagine recommendat.

54. His ita completis dominus rex accedit ad dominum archiepiscopum et osculatur eius manum. Quo facto rex cum sceptro et pomo in manibus redeat ad cameram suam preparatam.

55. Illic ipsoque cum suis principibus consistente archidiaconus tenens testum evangelii cum crucifixo ad pectorale dextrum cum diaconis et sub- *M_4 fol. 23v* diaconis et officialibus chori ecclesie | Mediolanensis capellanis aule imperialis laudem regi alta voce decantent hoc modo:

Exaudi Christe.

Et chorus cum scriniariis notariis et magistris scolarum sericis capis induti[r] ante pectorale consistentes in choro respondeant:

Domino nostro, invictissimo Romanorum imperatori et semper augusto, salus et victoria.

Qua laude tertio repetita archidiaconus cum suis tribus vicibus dicat:

Salvator mundi.

Et notarii et magistri scolarum respondeant vicissim:

Tu illum adiuva.

Deinde iste cum suis duabus vicibus dicat:

Sancta Maria.

Et illi vicissim respondeant:

Tu illum adiuva.

Et deinceps ut in letania continetur. Quibus finitis dicatur per istos bis:

Kirieleison.

Deinde omnes dicant simul:

Kirieleison.

56. Post hoc evangelium cantando rex corona et manto depositis accedit ad dominum archiepiscopum stantem apodiatum ad altare pro benedictione generali danda et offerat ei aurum, quantum sibi placuerit, et prosequatur domino archiepiscopo ad perficiendam missam. Dominus rex

r) inducti *M_4*

more subdiaconi offerat calicem et ampullam, et stet ibi, donec archiepiscopus communionem corporis et sanguinis domini sumpserit.

57. Post quam communionem etiam det sacram communionem domino regi cum osculo pacis et sic ad thalamum rediens ambonem reassumat mantum pariter et coronam.

58. Missa finita pontificalem benedictionem reverenter accipiat et statim procedant dominus archiepiscopus et ipse ad locum, ubi debent equos ascendere. Et tunc rex precedat equitans cum domino archiepiscopo usque ad ecclesiam maiorem sancte Marie. Ibi dato osculo ad invicem non corde, sed corpore separentur.

59. Et post rex ad aulam sibi preparatam revertatur coronatus.

V. Ein Bericht über die Krönung von 1530

V_2 fol. 1r | Cerimonie servate pro corona ferrea, qua sanctissimus dominus noster Clemens VII in die cathedre sancti Petri coronavit Carolum quintum Romanorum imperatorem electum in civitate Bononie in capella palatii apostolici 1530[a].

V_2 fol. 2r | 1. Deductus coronandus a duobus ultimis diaconis cardinalibus ad capellam, ubi erat prior presbiterorum cardinalium celebraturus, paratus omnibus paramentis missalibus et decem alii prelati parati pluvialibus, stolis et mitris post monitionem factam *V_2 fol. 2v* | per ipsum celebrantem, prout in pontificali, fecit suam professionem dicens:

Ego Carolus, deo adiuvante futurus rex etc.

2. Et per eundem celebrantem et prelatis omnibus paratis lectis, orationibus et letaniis facta unctione, dum rex ivit *V_2 fol. 3r* | ad se abstergendum et vestiendum, pontifex venit ad capellam. Et facta oratione, confessione et obedientia processit in missa usque ad tractum.

3. Quo facto ab eisdem duobus cardinalibus deductus est coronandus ad suam sanctitatem, cui facta reverentia, genu flexus est ante eum.

4. Et unus clericus camere *V_2 fol. 3v* | attulit de altare anulum et dedit ipsum primo cardinali, quem tradidit pontifici. Qui imponens eundem in digito anulari dextre manus dixit:

V_2 fol. 4r | *Accipe regie dignitatis anulum et per hunc catholice fidei in te cognosce signaculum, quia, ut hodie ordinaris caput ac princeps regni ac* *V_2 fol. 4v* | *populi, ita perseverabis a*<*u*>*ctor*[b] *ac stabilitor christianitatis et christiane fidei, et per hunc scias triumphali potentia hostes repellere, hereses destruere, subditos coadunare et connecti perseverabilitati fidei catholice, ut felix in opere, locuplex in fide cum* *V_2 fol. 5r* | *rege regum glorieris in eternitate. Per eum, cui est honor et gloria per infinita secula seculorum.* Resp.: *Amen.*

5. Postea surrexit sine mitra et dixit sequentem orationem:

Oremus.

a) *fol. 1v ist unbeschrieben* b) actor V_2

Deus, cuius est omnis potestas et dignitas, da famulo tuo | [V_2 fol. 5v] prosperum sue diginitatis effectum, in qua remunerante te permaneat semperque te timeat tibique iugiter placere contendat. Per Christum dominum nostrum.

6. Postea idem clericus camere attulit gladium ad eundem primum cardinalem assistentem pape, qui il|[V_2 fol. 6r]lud[c] evaginatum porexit pape. Et sua sanctitas tradidit illud[d] coronando dicens:

Accipe gladium desuper altari sumptum per nostras manus, licet indignas, vice tamen et auctoritate sanctorum apostolorum consecratas, regaliter | [V_2 fol. 6v] tibi concessum nostreque benedictionis officio in defensionem sancte dei ecclesie divinitus ordinatum ad vindictam malefactorum, laudem vero bonorum. Et memor esto eius, de quo psalmista prophetavit dicens: 'Accingere gladio tuo super femur tuum, poten|[V_2 fol. 7r]tissime'[1]*, ut in hoc per eundem vim equitatis exerceas, molem iniquitatis potenter destruas et sanctam dei ecclesiam eiusque fideles propugnes atque protegas neque minus sub fide falsos quam christiani nominis hostes execres ac disperdas, viduas atque pupillos | [V_2 fol. 7v] clementer adiuves et defendas, desolata restaures, restaurata conserves, ulciscaris iniusta, confirmes bene disposita, quatenus in hoc agendo virtutum triumpho gloriosus iustitieque cultor egregius cum mundi salvatore, cuius typum | [V_2 fol. 8r] geris in nomine, sine fine regnare merearis. Qui cum deo patre et spiritu sancto vivit et regnat deus per omnia secula seculorum.*

7. Quo facto idem cardinalis assistens accinxit illo regem pontifice manum apponente et dicente:

| [V_2 fol. 8v] *Accingere gladio tuo super femur tuum, potentissime, et attende, quod sancti non in gladio, sed per fidem vicerunt regna.*

8. Et mox rex surrexit et ter vibravit ensem, ut moris est.

| [V_2 fol. 9r] 9. Et iterum genu flexus pontifex coronam sibi de altari allatam capiti suo imposuit dicens:

Accipe coronam regni Lombardie in nomine pa✚tris et fi✚lii et spiritus ✚ sancti, quam san|[V_2 fol. 9v]ctitatis gloriam et honorem et opus fortitudinis intelligas significare et per hanc te participem ministerii nostri non ignores ita, ut, sicut nos in interioribus pastores rectoresque animarum intelligimur, ita ut tu contra omnes adversitates ecclesie Christi de- | [V_2 fol. 10r] fensor assistas regnique tibi a

c) *statt klassisch* illum d) *statt klassisch* illum

1) *Ps. 44, 4.*

deo dati et per officium nostre benedictionis in vice apostolorum omniumque
sanctorum regimini tuo comissi utilis executor perspicuusque regnator semper
V_2 *fol. 10v* *appareas, ut inter gloriosos athletas virtutum gemmis ornatus et | premio sem-*
piterne felicitatis coronatus cum redemptore et salvatore nostro, Iesu Christo,
cuius nomen vicemque gestare crederis, sine fine glorieris. Qui vivit et imperat
deus cum patre et spiritu sancto in secula seculorum.

10. Postea dedit sceptrum dicens:
V_2 *fol. 11r* *| Accipe virgam virtutis atque veritatis, qua intelligas te obnoxium mulce-*
re pios, terrere reprobos, errantes viam docere, lapsis manum porigere, disper-
dere superbos et relevare humiles; et aperiat tibi ostium Iesus Christus, domi-
V_2 *fol. 11v* *nus | noster, qui de semetipso ait: 'Ego sum ostium, per me si quis introierit,*
salvabitur'[2]*. Qui est clavis David et sceptrum domus Israel, qui aperit et nemo*
claudit, claudit et nemo aperit. Sitque tibi auctor, qui eduxit vinctum de domo
V_2 *fol. 12r* *carceris sedentem in | tenebris et umbra mortis, et in omnibus sequi merearis*
eum, de quo David propheta cecinit: 'Sedes tua, deus, in seculum seculi, virga
equitatis virga regni tui'[3]*. Et imitando ipsum diligas iustitiam et odio habebis*
V_2 *fol. 12v* *iniquitatem, quia propterea unxit te | deus tuus ad exemplum illius, quem ante*
secula unxerat oleo exultationis pre partici<pi>bus[e] *suis, Iesum Christum.*
Qui cum eo vivit et regnat deus in secula seculorum.

V_2 *fol. 13r* 11. Quo dicto ductus est ab eisdem duo|bus cardinalibus ad sedem regi-
am maiorem consueta existentem, ubi prius locabatur alia parva. Et intro-
nizaverunt eum dicente pontifice:

12. *Sta et retine ammodo locum tibi a deo delegatum per auctoritatem*
V^2 *fol. 13v* *omnipoten|tis dei et per presentem traditionem nostram. Et quanto clerum*
sacris altaribus propinquiorem prospicis, tanto ei potentiorem in locis con-
gruis honorem impendere memineris, quatenus mediator dei et hominum te
V^2 *fol. 14r* *mediatorem cleri et plebis | in hoc regni solio confirmet et in regnum eternum*
secum regnare faciat, Iesus Christus, dominus noster, rex regum et dominus
dominantium. Qui cum patre et spiritu sancto vivit et regnat deus per omnia
secula seculorum.

V_2 *fol. 14v* | 13. Quo dicto pontifex stans sine mitra intonavit:
Te[f] *deum laudamus*[f].

e) particibus V_2 f–f) *mit Noten versehen* V_2

2) *Ioh. 10, 9.*
3) *Ps. 44, 7.*

14. Quo finito pontifex dixit:

| *V_2 fol. 15r* Vers.: *Firmetur manus tua et exaltetur dextera tua.* – Resp.: *Iustitia et iudicium preparatio sedis tue.*

Vers.: *Domine, exaudi orationem meam.* – <Resp.:> *Et clamor meus ad te veniat.*

Dominus vobiscum. – Et cum spirito tuo.

| *V_2 fol. 15v* 15. *Oremus.*

Oratio:

Deus, qui victrices Moysi manus in oratione firmasti, qui, quamvis etate languesceret, infatigabili sanctitate pugnabat, ut, dum Amalech iniquus vincitur, dum prophanus nationum populus subiugatur exterminatis | *V_2 fol. 16r* *alienigenis, hereditati tue possessio copiosa serviret, opus manuum tuarum pia nostre orationis exauditione confirma. Habemus et nos apud te, sancte pater, dominum salvatorem, qui pro nobis manus suas extendit in cruce, per quem etiam precamur, al|* *V_2 fol. 16v* *tissime, ut tua potentia suffragante universorum hostium frangatur impietas populusque tuus cessante formidine te solum timere condiscat. Per eundem Christum dominum nostrum.*

16. *Oremus.*

Oratio:

Deus, inenarrabilis auctor mundi, con| *V_2 fol. 17r* *ditor generis humani, confirmator regni, qui ex utero fidelis amici tui, patriarche nostri Abrahe, preelegisti regem seculis profuturum, tu presentem insignem regem hunc cum exercitu suo per intercessionem omnium sanctorum uberi bene✚dictione lo|* *V_2 fol. 17v* *cupleta et in solium regni firma stabilitate connecte. Visita eum per interventum omnium sanctorum, sicut visitasti Moysen in rubo, Iosue in castris, Gedeonem in agro, Samuelem crinitum in templo. Et illa <e>um*[g] *promissione et syderea*[h] *bene✚|* *V_2 fol. 18r* *dictione et sapientie tue rore perfunde, quam beatus David ex psalterio, Salomon filius eius te remunerante precepit de celo. Sis ei contra acies inimicorum lorica, in adversis galea, in prosperis sapientia, in protectione clypeus sempiternus. Et presta, ut gentes il|* *V_2 fol. 18v* *li teneant fidem, proceres atque optimates sui habeant pacem, diligant charitatem, abstineant se a cupiditate, loquantur iustitiam, custodiant veritatem. Et ita populus iste pululet coalitus benedictione trinitatis, ut semper maneant tripudiantes armis |* *V_2 fol. 19r* *gaudentes et in pace victores. Per dominum nostrum* etc.

g) *korr. nach Schimmelpfennig;* cum V_2 h) *korr. nach Schimmelpfennig;* desyderea V_2

17. Quo facto prosequta fuit missa usque ad offertorium, in quo ipse optulit aureos plures. Et rediens ad sedem ibi stetit usque ad finem misse. Cetera processerunt ordine consueto prout in aliis.

VI. *Ordo der Chronica Danielis de comitibus Angleriae*

a) Chronica Danielis

(XII.)

| In nomine Domini, Amen. Quando rex Alamanie electus est et qui rex est rex Romanorum et debet venire in Ytalia ad recipiendum coronam imperij primam coronam Imperij quam debet recipere debet accipere in civitate Mediolani in ecclesia S.ti Ambrosij, et antequam recipiat istam coronam, dictus rex debet iurare supra missale sancti Ambrosij, quod missale debet poni extra dictam ecclesiam, ubi est lapis marmoreus directus et istum librum sive missale dicti comites de Inglexio debet presentare dicto regi. Qui comites sint obedientes tam in spiritualibus quam in temporalibus sancte ecclesie Romane. Quod primum sacramentum est quod Imperator obediens erit sancte Romane | ecclesie et Domino apostolico et omnibus secretis obedientibus dicti apostolici tam in temporalibus quam in spiritualibus et que corona debet esse de ferro et debet amplexare dictum lapidem directum et sicut lapis est directus, ita debet esse directa iustitia in ipso imperatore. Et qui maior est prior de istis comitibus de Inglexio, debet habere crucem in manu et dictus rex sive imperator debet flectare genua ante dictam crucem Christi et osculare Christi pedes. Et iste dictus comes debet portare istam crucem iuxta altare sancti Ambrosij, et dictus imperator debet ire post ipsam crucem et quando vadit ad altare sancti Ambrosij, ubi est sculptus in lapide rex Hercules. Qui Hercules est signum istorum regum et comitum de Inglexio, et qui Hercules est ex parte dextra eundo versus altare sancti Ambrosij et iuxta predictum Herculem debet poni ista crux et debet dictus dominus imperator flectare genua ante crucem et debet osculare pedes dicto Herculi. Et hoc est ex quadam regalia et honore istorum dictorum regum et comitum de Inglexio. Et predicta facta debet dictus imperator post dictam crucem ire ad altare sancti Ambrosij et ibi se inclinare, et genua flectere, et ibi debet esse dictus archiepiscopus Mediolani sive praepositus sancti Ambrosij et dictus dominus comes de Inglexio debet accipere coronam de capite dicto imperatori et eam offerre supra altare sancti Ambrosij et dictus dominus archiepiscopus sive prepositus sancti Ambrosij tunc debet dare dicto Imperatori suam benedictionem et post istam benedictionem dictus comes de Inglexio debet accipere co-

P₂ fol. 12v

P₂ fol. 13r

ronam de ferro et ponere supra caput dicti imperatoris. Et debent ibi esse duo de quadam parentela de Mediolano de Porta Nova qui nominantur *P2 fol. 13v* Cotti et qui duo debent esse in|duti de cottis albis supra alia vestimenta et debent accipere dictum dominum imperatorem in brachijs, et ipsum ferre super cathedram sancti Ambrosij et eum ibi ponere et dictus comes de Inglexio, qui coronavit dictum Imperatorem debet se genuis flectare coram imperatorem et sibi osculare pedem dextrum. Et isti de Cottis debent ei osculare pedem sinistrum. Et tunc dominus imperator debet confirmare dictos comites de Inglexio in suis honoribus et regalibus, sicut fecerunt alij imperatores preteriti. Et predicti comites debent fieri facere publicum instrumentum quomodo et qualiter dictus imperator recepit dictam coronam et fuit obediens in omnibus tam temporalibus quam spiritualibus et post istam coronam dictus imperator non debet habere moram in civitate Mediolani ultra tres dies nisi casus infirmitatis superadveniret. Et quando receperit omnes coronas imperiales et est obediens sancte ecclesie Romane et Domini apostolici, tunc comites de Inglexio debent ei dare datum suum, quod debet habere in sagra sancti Ambrosij et in suo districtu, videlicet de qualibet civitate que est sub sagra sancti Ambrosij, centum marchas valente qualibet marcha solidos .C. tertiolorum.

b) Galvaneus Flamma

Modus coronationis imperatoris in sancto Ambrosio.

Ordo coronationis, qui fit in ecclexia sancti Ambroxii, est talis, secundum quod colligitur ex cronica comitum Anglerie, quod quando rex romanorum vult recipere coronam regni Ytalie in ecclexia sancti Ambroxii, quod imperator primo debet ire iuxta columpnam marmoream, que est extra ecclexiam, et unus ex comitibus Anglerie debet presentare imperatori unum missale, et imperator iurare quod erit obediens pape et ecclexie in temporalibus et spiritualibus, et de hoc debet fieri publicum instrumentum. Et postea archiepiscopus vel abbas sancti Ambroxii debet ipsum coronare corona ferrea super Ytaliam; quo facto imperator debet amplexari columpnam illam marmoream rectam in signum quod in ipso erit iustitia recta. Tunc comes Anglerie debet presentare imperatori Christum in cruce crucifixum, et imperator debet osculare pedes Christi crucifixi: Postea comes Anglerie cum cruce ellevata debet intrare ecclexiam et imperator debet sequi; et cum pervenerint ad introitum chori in dextra, ubi est ymago Herculis tenentis leonem per caudam, imperator debet osculare pedis illius ymaginis propter reverentiam ad reges Anglerie, qui portabant illam ymaginem in vexillo. Deinde comes Anglerie cum cruce ellevata debet accedere ad altare sancti Ambroxii, et imperator coronatus debet eum sequi, et comes debet ellevare coronam de capite imperatoris et ponere super altare sancti Ambroxii, et imperator debet genuflectere coram altare, et archiepiscopus vel abbas debet imperatori suam benedictionem dare. Postea comes Englerie restituit coronam capiti imperatoris. Tunc duo ex Cottis porte nove induti cottis albis debent imperatorem ponere super cathedram, et comes Anglerie debet osculari dextrum pedem imperatoris. Postea debet fieri publicum instrumentum, quod imperator iuravit obedire mandatis ecclexie, et per tres dies debet imperator ire viam suam versus Romam, et associat eum archiepiscopus mediolanensis.

Glosa. Et de Ottone primo legitur, quod quando debuit coronari in sancto Ambroxio, quod deposuit omnes regias vestes, et in modum subdyaconi indutus fuit stricta cum manipulo in sinistra manu, et finita missa archiepiscopus eum confirmavit in imperio Ytalie et oleo inunxit, et coronam capiti eius imposuit, et dixit: Corono te in regem Ytalie, Normandie et Saxonie. Deinde imperator optulit super altare clamidem imperialem et baltheum et ensem bipennem et lanceam, in qua erat unus clavus passionis Christi, et ecclexie sancti Ambroxii donavit pallatium imperiale magnum, quod erat iuxta ecclexia sancti Ambroxii. Eius uxor dicta Athleyta Agusta[1] relicta condam Lotharii imperatoris, dum coronaretur, donavit altari beati Ambroxii carbunculum pretii X[a] florenorum auri.

c) Johannes Burckard

O r d o s e r v a n d u s q u a n d o s e r e n i s s i m u s r e x R o m a n o r u m v e n i t i n I t a l i a m s e c o r o n a t u r u s i n M e d i o l a n o c o r o n a r e g n i I t a l i e .

Prefatus rex sive imperator se transferat Mediolanum ad ecclesiam divi Ambrosii, extra dictam ecclesiam, in loco ubi est columna marmorea erec-

a) *mit übergeschriebenem Balken (für 10.000?)*

1) *Gemeint ist die Kaiserin Adelheid, Witwe Lothars II. von Italien*

ta, et ibi debet esse liber missalis, qui debet esse in manibus unius ex comitibus de Inglesio ex antiquioribus, et ibi dictus comes recipiat sacramentum super evangelio ab ipso imperatore jurante ad sancta Dei evangelia et in prejudicium anime sue, quod erit devotus et fidelis christianus, et pro posse suo conservabit et augmentabit fidem catholicam ad sanctam Ecclesiam D. N. J. Christi. Prestito juramento, predictus imperator sive rex amplectitur ambobus brachiis predictam columnam marmoream erectam in signum quod amplectitur dominium totius Italie; et sicut illa columna est recta, ita justitia recta sit in ipso imperatore.

Postea dictus comes accipiat cum reverentia unam crucem in manibus, supra quam sit imago D. N. J. Christi, et ante ipsam crucem imperator, flexis genibus, devotus, osculatur pedes crucifixi. Hoc facto, predictus comes cum cruce in manibus antecedit imperatorem et ipsum introducit in ecclesiam divi Ambrosii usque ad locum ubi sculpita est imago hominis tenentis in manu caudam leonis, et lapis iste est marmoreus et est a parte sinistra intrando chorum dicte ecclesie, eundo versus altare majus, et dicitur imago illa imago hominis fore Herculis; et dum applicaverint ad locum predictum, ipse comes deponit penes illam imaginem crucis quam tenet in manibus, et d. imperator flectit genua et osculatur crucem. His peractis, denuo ipse comes accipit crucem in manibus et precedit imperatorem et eum introducit in chorum et ducit ipsum ad altare majus et ibi flectit genua ad bassum altaris; et sic stando, ipse comes levat ipsi imperatori de capite coronam et eam deponit super altare beati Ambrosii, et ibi est paratus r. d. episcopus Mediolanensis qui facit officium ipsi imperatori, prout moris est. Et in fine predictus comes imponit ipsi imperatori coronam ferream que Mediolani gubernatur. His expeditis, duo nobiles parentele de cotis induti cotis albis super vestimentis eorum, cum reverentia accipiunt in eorum brachiis d. imperatorem et eum portant super cathedram sancti Ambrosii, et ibi sedebit; et sedendo confirmat privilegia ipsis comitibus de Inglesio, in totum et per totum, prout jacent, et de ipsa confirmatione fit publicum instrumentum. Inde fit aliud instrumentum qualiter prefatus d. imperator debite recipit coronam ferream in Mediolano. Nota quod d. imperator non debet morari in civitate Mediolani, nisi per tres dies, nisi casus infirmitatis adsit, vel alius justum impedimentum.

Register

Initien

Im folgenden Verzeichnis sind alle Formeln der Mailänder Ordines aufgeführt[1]*. Dabei werden gesprochene Texte (Gebete, Insignienformeln, Eide usw.) aufrecht, Gesänge hingegen kursiv gesetzt. Anders als bei den Texten selbst sind die Eingangsworte hier nach den Regeln des klassischen Lateins normalisiert. Die Verweise beziehen sich auf die Ordines (lateinisch) und deren Absätze (arabisch).*

1) Zu den gewöhnlichen Bestandteilen der Messe – Kyrie, Gloria, Credo etc. – vgl. das Sachregister.

Personen

Orte

Wörter

Das Wörterverzeichnis stellt – anders als dies bei den Personen sowie bei den Orten der Fall ist – nur eine Auswahl dar. Die aufgeführten Lemmata folgen im Allgemeinen der klassischen Schreibweise; erhebliche orthographische Abweichungen der Ordines sind in runden Klammern ergänzt. Deutsche Erklärungen werden, wenn erforderlich, in eckigen Klammern kursiv hinzugefügt.